JN088737

交通事故の被害者になったら読む本

弁護士法人
ベンチャーサポート法律事務所

合同フォレスト

はじめに

　もしも突然の交通事故に遭ってしまったら、あなたはどうしますか？

　この本を手にしているあなたは、今、まさにその状況に置かれているのかもしれません。
　あるいは家族や親しい人が交通事故に遭って、どうしたらよいかの情報を得たくて、手に取ってくださったのでしょうか。

　交通事故は、自分に非がなくても、思わぬところで巻き込まれてしまうことがあります。
　その理不尽さに怒りを覚えたり、将来が不安になったりするのは当然のことです。

　ただでさえ混乱している中、周りの人が訳知り顔に「こうすればいい」「ああすればいい」と言い出すこともよくあります。もちろん、ご当人は善意でアドバイスしてくださっているつもりでしょうが、そこには往々にして誤った情報や思い込みがあることも少なくありません。
　また、頼りになると思っていた保険会社が実際には頼りにならないことがわかるのも、交通事故の被害者になったときです。

実は、あなたが被害者になったときに、相手側の代理人（交渉者）として出てくるのは、加害者側の保険会社です。残念ながら、被害者であるあなたの側の保険会社にはあまり出番がないのです。

　保険会社も営利企業です。保険会社は保険金の支払いをなるべく抑えるという仕組みになっています。支払うべき保険金の額を少なくするために、専門知識と豊富な経験をもってあなたに対峙してくるでしょう。
　さあ、あなたはどうしますか？

　そんな困った事態に対処する際の具体的な方法を伝授するために、この本を書きました。
　運悪く交通事故の被害者となった場合、相手の保険会社のやり方に納得がいかずに波立っている心を鎮め、あなたに安心と正しい知識をもたらし、不利な状況から守ることを目的としています。一方、事故の加害者になった場合でも、あなたの誠意が十分相手に伝わって、スムーズに問題が解決することを目的としています。

　この本があなたのお役に立てることを心から願っています。

第1章

交通事故に遭った！　どうすればいい？

「してはいけないこと」と
「しなくてはいけないこと」を
押さえよう

第2章

交通事故の被害者が受けられる損害賠償の種類

治療が始まってから
示談金が支払われるまでの
流れを押さえよう

4

第3章

治療に関連した損害賠償の種類と休業損害

**どんなものが
損害賠償の対象になるかを
押さえよう**

第4章

後遺症と障害認定

**どこまでが後遺症として
認められるか
押さえよう**

第 5 章

示談交渉と裁判

**示談交渉と裁判の流れ、
ポイントを押さえよう**

第1章

交通事故に遭った！どうすればいい？

「してはいけないこと」と
「しなくてはいけないこと」を
押さえよう

　交通事故は予測ができません。交通事故の一瞬前まで、自分が被害者になるなどと考える人はいないでしょう。事故に巻き込まれたとき、動転してパニックに陥るのは仕方のないことです。

　しかしそんな状況であっても、ほんの少しでかまいませんので、気持ちを落ち着けて「してはいけないこと」と「しなくてはいけないこと」を思い出していただければと思います。それが自分のこれからの人生を守ることにつながります。

　では「してはいけないこと」と「しなくてはいけないこと」について説明しましょう。

これだけはやめて！

　交通事故の被害者になったとき、絶対に「してはいけないこと」は次の3点です。

① 「大したことがないから」とその場を立ち去ってはいけない

　急ぎの用事があるなどの理由で、加害者と連絡先だけ交換しておけば大丈夫だろうと考え、その場を立ち去るようなことをしてはいけません。後から交通事故の影響で痛みや体の不調が出てきた場合でも、事故との因果関係が証明できず、保険金を受け取れなくなってしまいます。

②その場で示談交渉に応じてはいけない

　加害者が警察に連絡せず、お金で解決する申し出をしてきても、それに応じるのは厳禁です。自分から治療費を請求するようなこともやめましょう。

③自分にとって不利な事実を隠してはいけない

　警察がやってきたら、ありのままを話すようにしましょう。自分に不利になりそうだからと、事実を隠さないようにしてください。

これだけは必ずやって！

図 1-1 事故当日にすべきこととは

STEP 1	警察に連絡する
STEP 2	加害者の身元を確認し、 車（ナンバープレート）の写真を撮る
STEP 3	加害者が加入している 保険会社を確認する
STEP 4	事故の目撃者の連絡先を聞く
STEP 5	警察の実況見分に立ち会う
STEP 6	自分の保険会社に連絡する
STEP 7	その日のうちに病院に行き、 診断書をもらう

（詳しい解説は次のページ⇒）

STEP1 警察に連絡する

　交通事故の被害者になったときに最初にすべきことは、警察に連絡することです。

　もしかしたら加害者が「職務上困ったことになるので、警察には連絡しないでほしい」と言い出すかもしれませんが、情にほだされてそれを聞き入れてはいけません。そもそも**警察を呼ばないと、事故が本当にあったことの証明ができなくなってしまいます**。事故証明を取るためにも、必ず警察を呼ばなければいけません。

　仮にあなたの体に後遺障害が残り、後からお金を請求したくなった場合、事故証明がないと加害者の保険会社は決してお金を払ってはくれません。

　加害者が「要求した全額を払うので、警察だけは勘弁して」と言ったとしても、それが本当かどうかもわからないのです。

　警察がやってくると、軽微な事故でも調書を取るのにけっこうな時間がかかりますが、そこは「こういうものだ」と諦めてしっかり調査してもらいましょう。

STEP2 加害者の身元を確認し、車(ナンバープレート)の写真を撮る

　警察が来るまでの間、加害者の住所・氏名・連絡先等を聞き、スマートフォンや手帳にメモするようにします。名刺をもらうのもいいでしょう。そして、事故直後の車の写真を、相手のナンバープレートも含めて撮影しておくようにします。

　中にはいわゆる「逆切れ」して激昂する加害者もいるでしょうから、相手が怒り出す前に撮るようにしてください。

　ドライブレコーダーがあれば、事故の様子が一部始終記録されているので安心です。

STEP3 ▶ 加害者が加入している保険会社を確認する

　車の保険には強制的に加入が義務付けられている「自動車損害賠償責任保険 (自賠責保険)」と、民間の保険会社に任意で加入する「任意保険」の 2 種類があります。自賠責保険は人身事故だけを対象としており、保険金額は 1 人あたり死亡事故で 3000 万円、傷害で 120 万円、後遺障害で 4000 万円と上限が定められています。

　十分な補償を得るには、相手が任意保険に加入しているかどうかが大きなカギとなるわけです。

　自賠責保険とあわせて加害者が任意保険に加入しているかどうか、加入しているのであれば、どこの保険会社なのかを確認しておきましょう。

図 1-2 自賠責保険と任意保険の補償範囲の違い

補償範囲	相手方への補償		自分への補償		その他	
保険の種類	ケガ・死亡	車・物	ケガ・死亡	車・物	示談交渉	ロードサービス
自賠責保険	○※	✕	✕	✕	✕	✕
任意保険	◎	◎	◎	◎	◎	◎

※上限はケガ 120 万円、死亡 3000 万円、後遺障害 4000 万円

STEP4 ▶ 事故の目撃者の連絡先を聞く

　事故の目撃者がいれば、その人の連絡先を聞いておきましょう。中には事故の様子をスマートフォンなどで撮影している人もいることでしょう。あなたと加害者の供述内容が異なっている場合には、撮影された動画や画像が有力な証拠になる可能性があります。

STEP5 警察の実況見分に立ち会う

　警察官が到着次第、交通事故の現場の状況を観察・確認する「実況見分」が始まります。

　大ケガをして今すぐに治療が必要という状態でない限り、被害者であっても実況見分には最初から最後まで立ち会うようにしましょう。

　警察が作成する実況見分調書は、示談交渉を行ったり裁判になったりした場合、重要な証拠として扱われるからです。

　あなたが立ち会っていないと、加害者側が自分にとって都合のいいことを供述し、一方的な実況見分調書にならないとも限りません。そうなると、受け取れるはずの示談金を受け取れない可能性も出てきます。

　実況見分が正確に行われ、その内容が間違いなく実況見分調書に書かれることが、適正な賠償金を受け取るためには重要なのです。

STEP6 自分の保険会社に連絡する

　全面的に自分が被害を被った事故だと思っていたとしても、法律上、あなたにも過失があると判断されることがあります。そのような場合は、あなたも自分の保険を使わなければならなくなることがあるので、一応、自分の保険会社にも連絡をしておきましょう。

　万一、相手が任意保険に入っていなかった場合でも、あなたの保険に人身傷害保険や搭乗者傷害保険などの特約率が付いていれば、自分の保険会社から保険金が支払われます。

　また、ぜひとも確認していただきたいのが「弁護士費用特約」の有無です。

　弁護士費用特約に加入していると、交通事故に遭ったとき、示談交渉などの際に弁護士に依頼する費用を、自分が加入している保険会社に負担してもらうことができます。上限は300万円です。

　弁護士費用特約を付帯しているのであれば、活用しない手はありません。ぜひ確認しておいてください。

図 1-3 自動車保険に「弁護士費用特約」があると…

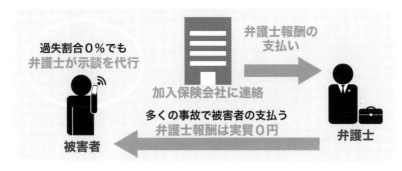

過失割合０％でも
弁護士が示談を代行

弁護士報酬の
支払い

加入保険会社に連絡

多くの事故で被害者の支払う
弁護士報酬は実質０円

被害者

弁護士

STEP7 　**その日のうちに病院に行き、診断書をもらう**

　軽いか重いかにかかわらず、ケガをしていたり、体のどこかにいつもと違う感覚を覚えたりしていれば、その日のうちに病院に行きましょう。それが難しければ、遅くとも次の日中に行くようにします。

　３日も４日も空いてしまうと、そのケガなり不調なりが本当に事故によるものなのかがわからなくなってしまいます。因果関係の証明がしづらくなるのです。因果関係をはっきりさせるためにも、事故に遭ってからなるべく早く医師の診断を受けましょう。

交通事故の被害者になって初めての1日が終わりました。明日からは治療に専念する日々が始まります。

　　第2章では、交通事故の被害者に対する保険給付や損害賠償の種類について説明していきます。

交通事故の被害者が
受けられる損害賠償の種類

治療が始まってから
示談金が支払われるまでの
流れを押さえよう

治療開始から
示談金が支払われる
までの流れ

　この章では、交通事故の被害者が受けることのできる損害賠償はどのようなものかをお話ししていきます。

　適正な損害賠償を受けるために大切なのが「早い時期からケガの治療を始める」ということです。そうしないと事故との因果関係に疑いがもたれ、本来、受け取れるはずの損害賠償が受け取れなくなる可能性があるからです。

　まずは治療開始から示談金が支払われるまでの流れについて説明しましょう。

治療開始から完治、もしくは症状が固定するまで

　症状に応じ、治療開始から一定期間が経過すると、治療効果が出て「完治」に至るか、残念ながら効果が見られず症状が残ったまま固定した状態になるか（症状固定）を見極める節目となります。
　完治した場合は示談交渉に入り、症状固定の場合は後遺障害の認定を受けて示談交渉の準備段階に入ります。

　いずれの場合も**このタイミングで弁護士に相談することを積極的に検討していただくといいでしょう。**というのも、この時期から、加害者側の保険会社から連絡が来る回数が増えたり、加害者にとって有利な方向に（つまりは被害者にとっては不利な方向に）運んでいこうとするようになるからです。

16

もちろん、ご自分で乗り切ることもできなくはないのですが、相手はプロで、相当の場数を踏んでいることは覚悟していただいたほうがいいかもしれません。

示談交渉から示談金が支払われるまで

　示談交渉をして納得できれば示談が成立し、示談金を受け取ります。納得できなければ調停あるいは訴訟という流れになります。

　最終的には和解あるいは判決によって示談金の額が決まって、受け取りという流れになります。

図 2-1 治療開始から示談金が支払われるまで

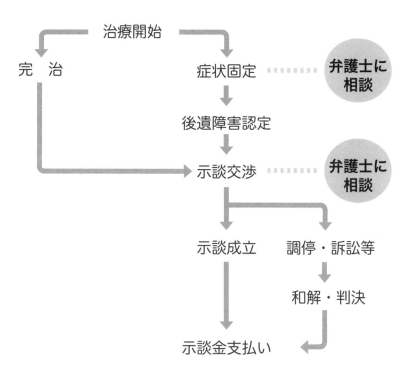

自動車保険の基本的な仕組み

自動車保険は、

- **原付自転車を含むすべての自動車に加入が義務付けられている「自賠責保険」**
- **運転者が任意に加入する民間の「任意保険」**

の2階建てになっています。

図 2-2 被害者に対する損害賠償

交通事故の損害賠償は2階建て

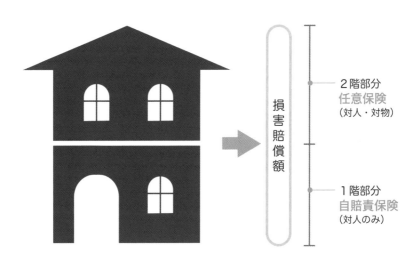

損害賠償額

2階部分
任意保険
（対人・対物）

1階部分
自賠責保険
（対人のみ）

18

自賠責保険は対人事故のみを対象とするもので、補償の範囲は次の通りです。

自賠責保険の補償の範囲

(1)傷害による損害
治療費、診断書、休業損害、慰謝料などにかかる
費用：120万円まで
(2)後遺障害による損害
事故に遭わなければ得られたはずの利益（逸失利益）、
慰謝料：障害等級に応じて、14級75万円～1
級（介護が必要な場合）4000万円
(3)死亡による損害
葬儀費、逸失利益、慰謝料：3000万円まで

　自賠責保険だけではすべての損害をまかなうことができない場合、任意保険で不足分をカバーする仕組みになっています。

　だからといって、被害者にとって納得がいく損害賠償を受けられるとは限りません。
　加害者側の保険会社からすると、支払う金額は「少なければ少ないほどいい」からです。
　できるだけ支払う金額を少なくするために、なるべく早く示談に持ち込もうとしたり、治療費の打ち切りを迫ったり、被害者側の「落ち度」（過失割合）を過大評価しようとしたりすることがあります。

過失割合とは

過失割合に応じて損害賠償額から減額される

　損害賠償の総額に大きく関わってくるのが「過失割合」です。被害者側にも落ち度がある場合、加害者に損害賠償のすべてを負担させるのではなく、過失の割合に応じた額を損害賠償額と相殺するという考え方に基づいています。

　たとえば、被害者が受けた損害総額が 800 万円だったとしましょう。過失割合が加害者 80、被害者 20 と判断された場合、被害者が加害者に請求できるのは「800 万円×80%=640 万円」となり、被害総額から 160 万円が減額されることになります。これを「過失相殺」といいます。

　過失割合は損害額全体に影響するため、たとえば、治療費の全額を加害者側の保険会社が払ってくれたとしても、最終的に慰謝料が支払われるときに、それまでの支払い分が差し引かれて、思っていたよりも少ない額になるということもあり得ます。

納得できない過失割合を提示されたら？

過失割合について、被害者は次の 2 点に気をつけてください。
①保険会社がなるべく早く事故を処理しようとして、過失割合を決めて示談を迫ってくる
②保険会社が被害者にとって納得のできない過失割合を提示してくる

示談金は過失割合に基づいて算定されるものなので、❶の
ケースの場合、勢いにのまれて了承してしまわないようにしな
ければなりません。みすみす損をすることになりかねないから
です。被害者自身の過失割合がどの程度なのか判断がつかない
場合は、自分の保険会社や弁護士に相談するようにしましょう。

❷については、保険会社からすれば賠償金の支払いをなるべ
く少なくしたいので、加害者に有利になるような過失割合を示
してくることがあります。

先方の保険会社から提示された過失割合に納得がいかないの
であれば、交渉しましょう。交渉は被害者自身が行うこともで
きますし、自分が加入している保険会社に頼むこともできます。

ただし、自分で行うには証拠集めが困難ですし、保険会社に
してみれば、言葉は悪いですが「なるべく早く交渉を終えたい
のに厄介なことを頼まれた」ということになる可能性もありま
す。したがって、交通事故の案件を扱ったことのある弁護士に
頼むのが現実的かもしれません。

図 2-3 交通事故における過失相殺の仕組み

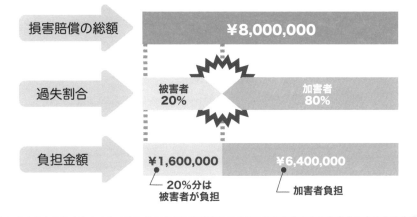

**損害賠償の総額 800 万円の交通事故で
被害者と加害者の過失割合が 20：80 の場合**

損害賠償の総額　¥8,000,000

過失割合　被害者 20%　加害者 80%

負担金額　¥1,600,000　¥6,400,000
20%分は被害者が負担　加害者負担

交通事故のパターンには「車：車」「車：バイク」「車：自転
ンも多岐にわたります。その中のいくつかをご紹介します。

1 「車：車」
信号のある交差点での右折車と直進車の衝突事故

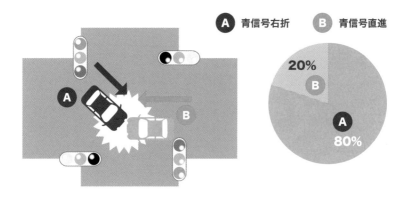

A 青信号右折　B 青信号直進

20%
B

A
80%

2 「車：車」
停車中の車両に後ろから追突

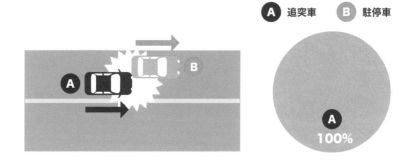

A 追突車　B 駐停車

A
100%

車」「車：人」などさまざまなものがあり、過失割合のパター

3 「車：車」
一時停止を無視して飛び出した車が進行方向直進車両に衝突

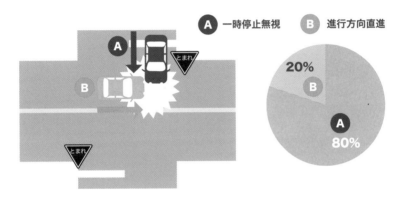

A 一時停止無視　**B** 進行方向直進

20%
B

A
80%

4 「車：バイク」
左折時に車がバイクを巻き込む

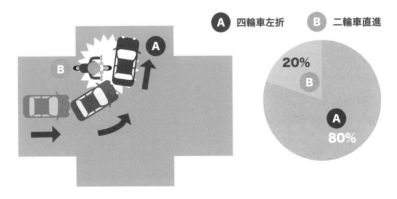

A 四輪車左折　**B** 二輪車直進

20%
B

A
80%

※二輪車に著しい前方不注意や速度違反などが認められた場合、
　二輪車側に過失が上乗せされる場合もある。

第2章　交通事故の被害者が受けられる損害賠償の種類

5 「車：自転車」

無灯火の自転車が一時停止を無視して突っ込んできて、直進車と衝突

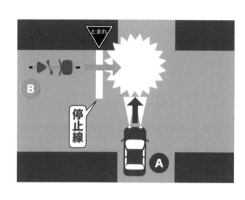

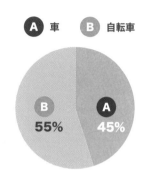

Ⓐ 車　Ⓑ 自転車

Ⓑ 55%　Ⓐ 45%

6 「車：人」

人が横断歩道でないところを渡って車と衝突

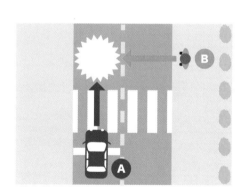

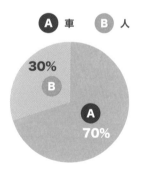

Ⓐ 車　Ⓑ 人

30% Ⓑ　Ⓐ 70%

損害賠償の種類
（積極損害と消極損害）

交通事故の損害賠償は、財産的損害と精神的損害の2種類

　交通事故の損害賠償は、財産的損害と精神的損害の2つに大別されます。財産的損害はさらに

- **被害者にとってお金の支払いが生じる損害**（積極損害）
- **被害者にとってお金の支払いが生じない損害**（消極損害）

に分かれ、それぞれの中でも枝分かれしていきます。

図 2-4　交通事故の損害賠償

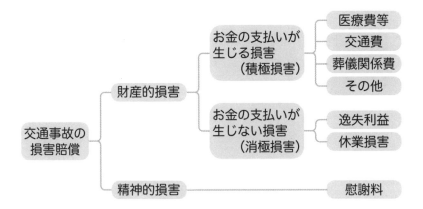

【傷害事故】①医療費や交通費など②休業補償③精神的な苦痛に対する慰謝料の3つで、後遺症が残った場合には④後遺症のために生じた損害（逸失利益）⑤後遺障害に対する慰謝料が加わります。

【死亡事故】①死亡までの治療費や交通費など②葬儀に関する費用③生存していれば得られたはずの逸失利益④慰謝料の4つです。

治療費の負担は
どうなる？

事故の状況、保険加入状況で治療費等の出どころは変わる

　治療費等がどこから支払われるかは、事故の状況や加害者・被害者双方の保険加入状況によって異なります。

　最初の切り分けは、その事故は被害者にとってプライベートな時間に起きたのか、業務時間内もしくは通勤途中で起きたのかで行います。

　業務時間内もしくは通勤途中で事故に遭ったのであれば、被害者の労災保険を優先して使うことになります（❻）。

　プライベートな時間に起きた事故であれば、次に問題になるのは加害者が任意保険に加入しているか・いないかです。

図 2-5 治療費が支払われるまで

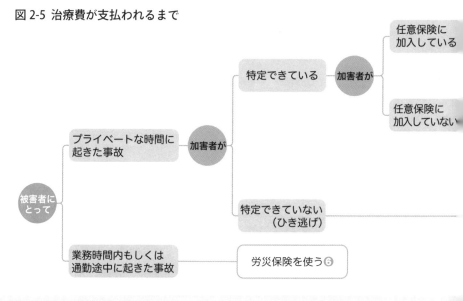

加害者が任意保険に加入しているのであれば、加害者側の保険を使います（❶）。任意保険に加入していない場合は、加害者側の自賠責保険を使います（❷）。

　もし加害者が強制保険である自賠責保険にも加入していないのであれば、被害者が人身傷害保険に加入しているかいないかを確認します。人身傷害保険に加入しているのであれば、これを使います（❸）。加入していない場合は、被害者の健康保険を使って治療を行います（❹）。

　不運なことにひき逃げなどで加害者を特定できないこともあるでしょう。その場合には、政府保障事業を使うことができます（❺）。

　これらはあくまでも原則です。加害者の自賠責保険を使える場合でも、過失割合によっては被害者の健康保険を使ったほうがいいケースなど、例外もあります。

　次のページから、それぞれの手続きの仕方や例外等についてケース別に説明していきましょう。

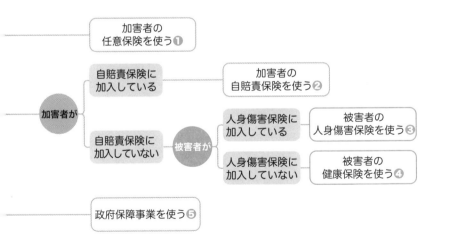

①加害者の任意保険を使う場合

●加害者側の保険会社が病院に支払う

　治療費は、原則的には加害者側の保険会社から病院に直接支払われます。

　先ほど、限度額に達するまで自賠責保険から支払われると説明しましたが、多くの場合、加害者側の保険会社が自賠責保険の分までまとめて治療を受けた病院に支払います。この制度を「一括対応」といい、保険会社は自賠責保険から保険金を回収することになっています。

図 2-6 加害者側の保険会社を利用すると…

治療費支払いの一括対応

治療費を病院に直接支払う

加害者側の保険会社　　　　　　　　　　　　　　病院

●治療開始の流れ

　事故当日に病院で「交通事故の被害者になった」旨を伝え、診察を受け、診断書を出してもらいます。

　このときの診察料と診断書を書いてもらうのにかかった費用は、被害者が一時的に立て替えることになります。

　その際、もらった領収書をなくさないように保管しておき、後から加害者側の保険会社に請求するようにします。

翌日以降、加害者側の保険会社と病院の間で連絡を取り合うことになります。

病院から保険会社に連絡が行くこともあれば、保険会社が被害者にどこの病院に通院するかを尋ねたうえで病院に連絡をするなど、ケースバイケースです。

これをもって被害者は費用を負担することなく治療が受けられるようになります。

●過失割合によっては、被害者自身の健康保険を使ったほうがいい場合も

交通事故の治療費は「自由診療」となります。自由診療というのは、日本に住んでいる人全員が加入することになっている公的医療保険（いわゆる「健康保険」）の対象とならない診療で、治療費の額を医療機関が自由に決めることができる診療のことをいいます。

ご存じのように、健康保険が適用される治療に関しては、被保険者負担は原則3割で、残りの7割は被保険者が属する保険者（健康保険の運営主体）が払ってくれます。

つまり、自由診療の場合、健康保険適用の治療に比べて医療費が高額になるということです。

たとえば、過失割合が「被害者30%：加害者70%」で損害賠償額が100万円だった場合、被害者に支払われる金額から過失分30%（30万円）が引かれて70万円となります。

自由診療で治療した場合と、被害者自身の健康保険を使った場合の金額を計算してみましょう。

（次のページへ続く⇒）

被害者の負担額の違い

⑴自由診療（健康保険を使わない）場合

治療にかかった費用：100 万円

加害者に請求できる金額：100 万円 × 70%
＝ 70 万円

被害者が負担する額：30 万円

⑵被害者自身の健康保険を使った場合

治療にかかった費用：100 万円 × 30%
（健康保険の自己負担分）＝ 30 万円

加害者に請求できる金額：30 万円 × 70%
＝ 21 万円

被害者が負担する額：9 万円

被害者にある程度の過失がある場合は、健康保険を使って治療をしたほうが自己負担分を低く抑えることができます。

●「一括対応」してもらえない場合とは

被害者の過失割合が高い場合、加害者側の保険会社が最初から一括対応をしないことがあります。

過失割合によっては、賠償金の額が大きく減額されることがあるので、保険会社が被害者に治療費を支給する必要がなくなる場合があるからです。

そのようなときは、被害者自身が治療費の全額を自分の健康保険を使うなどの方法で負担することになります。

②加害者の自賠責保険を使う場合

●手続きは加害者が行う場合と被害者が行う場合がある

加害者が加入している自賠責保険の会社に請求をするには、加害者側から行う「加害者請求」と、被害者側から行う「被害者請求」の2通りがあります。

被害者にとっては加害者に任せることのできる加害者請求のほうが手間がかからず便利ですが、その反面、被害者にとっては納得のいかない賠償額にされてしまうリスクがあります。

被害者請求では、被害者自身が交通事故を原因とした損害の証明をしなければならないため、実に多くの書類が必要になります。そのことを前提にしたうえで、ここでは被害者請求の仕組みと流れについてご紹介しましょう。

図 2-7 被害者請求の仕組みと流れ、必要書類

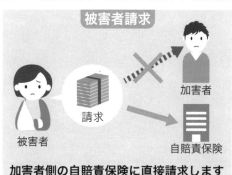

【必要書類】
- 自動車損害賠償責任保険請求書兼支払い指図書
- 交通事故証明
- 事故発生状況報告書
- 診断書
- 診断報酬明細
- 付添看護自認書
- 交通費明細書
- 休業損害証明書
- 後遺障害診断書

●損害確定前の仮払い制度を利用できる (仮渡金)

損害が確定するまでの間、被害者は治療費等を立て替え続けなければならず、経済的な負担が重くなりがちです。

自賠責保険にはそのような経済的リスクを軽減するための仮払い制度である「仮渡金」という制度があります。

③被害者の人身傷害保険を使う場合

●過失割合にかかわらず実際の損害額が支払われる

　加害者が任意保険にも自賠責保険にも加入していなかった場合、損害賠償を受けることは難しくなります。それは、自動車保険に加入していない人が、賠償金を払えるとは考えにくいからです。

　そんなときに役立つのが、被害者自身が加入している任意保険の「人身傷害保険」です。人身傷害保険は、保険契約者やその家族が死傷した場合に、過失割合にかかわらず実際に生じた損害の額が支払われる保険です。

　加害者が自賠責保険にしか加入しておらず、実際の損害額に足りないケースもあるかもしれません。そのとき、被害者自身が人身傷害保険に加入していたら、そこから保険金として損害賠償の不足分を受け取れます。

図 2-8　人身傷害保険における「補償の受け方」

被保険者側のケガによる損害が 1000 万円の自動車事故で
被保険者側が 60％、相手側が 40％の過失割合のケース

人身傷害保険に未加入の場合	人身傷害保険に加入している場合
→ 示談成立後に 400 万円を　相手側が賠償	→ 示談成立前に 400 万円を　人身傷害保険が立て替えて　補償
→ 600 万円は　被保険者側が自己負担	→ 600 万円は　人身傷害保険が補償

示談成立前に 1000 万円
全額を補償

●「搭乗者傷害保険」の請求も可能

　人身傷害保険に似ている保険に「搭乗者傷害保険」があります。保険の対象となった車を運転していた人が事故に遭った場合、被保険者の家族でなくても保険の対象となります。

　ただし、加入時に被保険者が決めた金額が支払われるため、損害額の全額が補償されるわけではありません。

　ここで、人身傷害保険と搭乗者傷害保険の違いを見てみましょう。

図 2-9　交通事故で補償されるケースと補償内容

保険の種類	保険金が支払われる場合	支払われる保険金の額
人身傷害保険	保険契約者や搭乗者が死傷した場合	**過失割合にかかわらず、実際に生じた損害の額** ※損害（治療費、休業損害、精神的損害、逸失利益、将来の介護料、葬儀費など）の額は、保険約款に定められた基準による ●**死傷した場合** 事故の相手方が補償する金額も含め、死傷による損害 ●**単独事故の場合** 死傷による損害
搭乗者傷害保険	保険契約者の車両の搭乗者が死傷した場合	**保険契約者が設定した金額** ●**死亡した場合** 契約時に設定した金額 ●**後遺障害が生じた場合** 後遺障害の程度に応じて、契約時に設定した金額の一定割合 ●**治療を要した場合** 支払い方式によって異なる（入院・通院の日数払い、または部位症状別払い）

（参考：損害保険料率算出機構「自動車保険の概況」）

④被害者の健康保険を使う場合

●病院で「健康保険は使えない」と言われることがあるが、実際はOK

　加害者が無保険者で、被害者側が人身傷害保険に加入していない場合は、被害者自身の健康保険を使ってケガの治療をするのが現実的です。

　病院によっては「交通事故の治療には健康保険は使えません」と断ってくることがありますが、実際はそんなことはありませんので安心してください。

　病院がそう言うのは、原則として「第三者行為によるケガや病気の治療に関して、健康保険は使えない」とされているからです。

　しかし、健康保険の保険者 (保険の運営主体。組合健保なら健康保険組合、国民健康保険なら自治体) に「第三者行為による傷病届」を提出することによって、健康保険による治療が受けられるようになります。

　病院にその旨を伝えるか、治療が急を要するのでなければ、病院自体を健康保険による治療を認めてくれる病院に変えるといいでしょう。

　また、過失割合によっては加害者の任意保険や自賠責保険を使うよりも、被害者自身の健康保険を使ったほうが持ち出しが少なくなる場合があるのは、すでに説明した通りです (p29-30 参照)。

⑤政府保障事業を使う場合

●国の損害てん補で被害者のみが請求できる

　政府保障事業は自賠責保険の対象とならないひき逃げ事故や無保険車の事故に遭った被害者に対して、健康保険等の保険給付等を受けても損害額に足りない場合に、政府(国土交通省)がその損害をてん補する制度です。

　政府保障事業によるてん補は、自賠責保険の支払いと同等に行われますが、次の3点が自賠責保険とは異なっています。

自賠責保険と異なる点

(1) **請求できるのは被害者のみです。加害者から請求することはできません。**

(2) **健康保険や労災保険などから給付を受けられる場合は、その金額を差し引いた額がてん補されます。**

(3) **被害者に対ててん補した場合、政府はその分を加害者に請求します。**

図 2-10　てん補請求から支払いまで

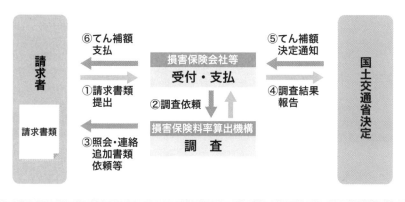

35

損害のてん補請求は、損害保険会社（組合）の全国の支店等の窓口で受け付けています。

図2-11 損害請求の受付窓口

あいおいニッセイ同和損害保険（株）
AIG 損害保険（株）
共栄火災海上保険（株）
セコム損害保険（株）
セゾン自動車火災保険（株）
全国共済農業協同組合連合会
全国自動車共済協同組合連合会
全国トラック交通共済協同組合連合会
全国労働者共済生活協同組合連合会
損害保険ジャパン（株）
大同火災海上保険（株）
Chubb 損害保険（株）
東京海上日動火災保険（株）
日新火災海上保険（株）
三井住友海上火災保険（株）
明治安田損害保険（株）
楽天損害保険（株）

（令和2年4月1日現在／五十音順）

※必要書類等は、受付窓口に問い合わせるか、国土交通省・自賠責保険ポータルサイトを参照。
http://www.mlit.go.jp/jidosha/anzen/04relief/accident/nopolicyholder.html

⑥労災保険を使う場合

●会社の代表者には適用されない

　交通事故に遭ったのが勤務時間中や通勤途中の場合は、労災保険の対象となります。この場合は、労災事故として労災保険から直接病院に治療費が支払われることになります。

　ただし、労災保険を使うには、被害者が「労災保険に加入している事業所（会社）に勤務していること」「被害者自身が労災保険の適用対象者であること」が前提条件になります。

　たとえば、農林水産業で一定の規模・事業内容の場合、「任意適用事業」（労災保険に必ずしも加入しなくてもよい事業）とされ

ているため、場合によっては労災保険が適用されないことがあります。

また、公務員については別の制度があるため、労災保険の対象とはなりません。法人の役員 (株式会社の代表取締役、合名・合資会社の代表社員、有限会社の会社を代表する取締役、農協等の役員) なども、労災保険の給付は受けることができません。

●労災指定病院での治療が原則

労災保険の給付によって治療を受けるには、所定の請求書に必要事項を記入し、被害者の勤務先を管轄する労働基準監督署に提出しなければなりません。請求書は厚生労働省のホームページから （https://www.mhlw.go.jp/stf/seisakunitsuite/bunya/koyou_roudou/roudoukijun/rousai/rousaihoken06/index.html） ダウンロードすることができます。

治療を受けられるのは、原則として労災保険指定医療機関です。ただし、近くにない場合は指定医療機関以外の医療機関でも治療できます。その場合は費用が無料になる「現物の給付」ではなく、いったん被害者が治療費を払い、後からその費用分が労災保険から被害者に支払われる「費用の給付」となります。

●労災保険の「療養の給付」の範囲

労災保険から受けられる「療養の給付」(診療・治療) は、次の通りです。

- **・診察**
- **・薬剤または治療材料の支給**
- **・処置・手術その他の治療**
- **・自宅での療養、看護にかかる費用**
- **・病院・診療所への入院にかかる費用**
- **・移送**

治療先の病院は変えられるのか？

治療先は選べる

交通事故でケガを負った場合、まずは現場近くの病院で応急手当を受けることが多いでしょう。そこで交通事故によるケガであることを告げ、治療を始めてしまうと「このままここに通い続けなくてはいけないのではないか」と思ってしまうかもしれません。しかし実際にはそんなことはありません。自宅近くの病院に転院することも可能です。

「治療先の変更」を申し出る

治療先を変えたい場合は、加害者側の保険会社に「治療先の変更」を申し出ましょう。理由が正当なものであれば、変更に応じてもらえます。ただし、治療先の変更はなるべく早い段階で行うようにしましょう。治療を始めてからの時間が長ければ長いほど、「今ごろになってどうして変更が必要なのか？」が問われ、応じてもらえないことがあります。

この章では加害者・被害者の自動車保険等の加入状況により、保険給付や損害賠償の出どころが異なるというお話をしました。第3章では「出どころの違い」とも関連している「支払われる損害賠償額の違い」とあわせて、損害賠償の額について説明します。

第3章

治療に関連した
損害賠償の種類と休業損害

どんなものが
損害賠償の対象になるかを
押さえよう

3つの支払い基準

　最初に知っておいていただきたいのが、ひと口に交通事故の損害賠償額といっても「支払い基準が複数ある」ということです。

交通事故における3つの支払い基準

(1)自賠責保険基準：
　自賠責保険の支払い基準です。3つの支払い基準の中では最も低額になります。

(2)任意保険基準：
　各保険会社が個別に定めている基準です。任意保険会社にはかつて統一した算定基準が存在していましたが（「旧任意保険基準」と呼ばれています）、自由化に伴って廃止されました。しかし、いずれの保険会社も旧任意保険基準をベースに支払額を決めていると推測されています。金額は自賠責保険基準よりも若干高い程度です。

(3)裁判基準：
　今までの交通事故案件における裁判所の判断に基づいて決められた基準です。金額は3つの基準のうち、最も高額になります。

図 3-1 交通事故における 3 つの支払い基準

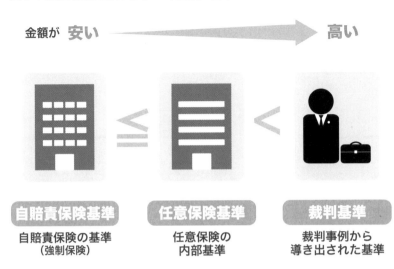

図 3-2（次ページ）は、「後遺障害の等級表」です。後遺症が残った場合、損害賠償を策定する基準となるものです。

　後遺障害と等級については後ほど説明しますが、まずは自賠責保険基準、任意保険基準、裁判基準の金額の違いにご注目ください。

　第 1 級では、自賠責保険基準が 1100 万円なのに対し、任意保険基準の目安は 1850 万円、裁判基準では 2800 万円と大きな開きがあることがおわかりいただけることでしょう。

　被害者が受け取ることのできる損害賠償額は、支払い基準によって差が出るということを覚えておいてください。裁判基準による賠償を受けるためには、弁護士への相談が必要です。

図 3-2 後遺障害の等級表

※（　）内の金額は、被害者に被扶養者がいる場合

後遺障害等級	自賠責保険基準	任意保険基準 （目安）	裁判基準
要介護の第1級	1,600 万円 （1,800 万円）		
要介護の第2級	1,163 万円 （1,333 万円）		
第1級	1,100 万円 （1,300 万円）	1,850 万円	2,800 万円
第2級	958 万円 （1,128 万円）	1,450 万円	2,370 万円
第3級	829 万円 （973 万円）	1,150 万円	1,990 万円
第4級	712 万円	850 万円	1,670 万円
第5級	599 万円	750 万円	1,400 万円
第6級	498 万円	650 万円	1,180 万円
第7級	409 万円	550 万円	1,000 万円
第8級	324 万円	450 万円	830 万円
第9級	245 万円	350 万円	690 万円
第10級	187 万円	250 万円	550 万円
第11級	135 万円	200 万円	420 万円
第12級	93 万円	150 万円	290 万円
第13級	57 万円	65 万円	180 万円
第14級	32 万円	45 万円	110 万円

治療費に含まれるものとは

治療にかかる費用として請求が認められるものについて、例を挙げてご説明します。

①治療費、入院費

実際にかかった費用のうち、必要と認められたものは全額損害として認められます。

一例を挙げましょう。

- **手術費用**
- **初診再診費用**
- **検査費用**
- **入院費**

治療費、入院費は実費で支払われることになるので、基本的に加害者側の保険会社が出し渋りをすることはあまり多くありません。もっとも、通院期間が長くなると、出してくれない場合があります。

また、被害者側が「早く治そう」と焦ったり、「どうせ保険からお金が支払われて、自分の持ち出しはないのだから」と考えたりして、治療の間隔を詰めて病院に通いすぎると、「過剰診療」と判断されて、請求が認められない可能性があります。

◎医師の指示があればマッサージ、温泉療法の費用も治療費と認められることも

　交通事故のケガの痛みに対しては、温泉療法や接骨院でのマッサージなどが効果的であると言われています。

　すべてが認められるわけではありませんが、医師の指示があって治療効果があると判断された場合には、その費用が支払いの対象となることがあります。

②入通院交通費、自動車改造費

　症状が固定して「これ以上回復が見込めない」という状態になるまでにかかった入通院時の交通費が支給されます。

　公共交通機関については通院にかかった実費が、自家用車については1kmあたり15円のガソリン代と、駐車場の利用にかかった費用も請求することができます。

　タクシー代は、公共交通機関を使えない場合で、正当な理由があると認められれば支払いの対象となります。

　治療を受けたにもかかわらず後遺症が残った場合、それまで使っていた自動車が運転できなくなることがあります。

　車椅子が必要になれば、車椅子ごと乗れる自動車でないと不都合が生じます。

　このような場合には、体の状態に合わせるための自動車改造費が損害賠償に含まれます。

図 3-3 入通院時の交通費請求

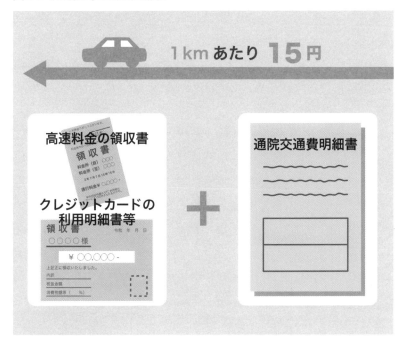

③付添看護費

ケガの症状が重かったり、被害者が子どもだったりで付き添いが必要な場合は、付添看護費を請求することができます。付添人がプロであれば原則として実費の全額が認められますが、家族が付き添っている場合は、自賠責保険基準では原則として1日につき4100円、裁判基準では6500円とされています。

医師に「付き添いが必要」という内容の指示書を書いてもらい、加害者側の保険会社に提出しましょう。

なお、被害者の傷害の程度が重かったり、幼児であったりして1人で通院することが困難な場合は、通院付添費として1日3300円(目安)が認められます。

④入院雑費

　入院した場合にかかった洗面用具や寝具、軽食代などを「入院雑費」として請求できます。

　金額は自賠責保険基準で1日あたり1100円、裁判基準では1500円となっています。

⑤将来介護費・将来雑費

　重症で寝たきり状態や高次脳機能障害などになって、生涯にわたって介護が必要になった場合には、その介護にかかる費用も賠償金に含めて請求することができます。

　家族による介護については1日につき8000円が基準となります。

　将来介護費は、将来的にかかってくる介護費が一時金で支払われるため、その金額に利息が発生するものと考えられます。そこでその利息分を差し引く「ライプニッツ係数」という中間利息を控除するための係数を用い、次の計算式で算出します。

年額×生存可能期間に対応したライプニッツ係数

　介護で必要となる紙おむつ代やタオル代などの将来雑費も同様の式で算出され、賠償の対象となります。

　なお、一時金ではなく、長期間定額で支払われるような方法も議論されています。

⑥装具費、家屋改造費など
◎装具費

　ケガの治療をするために必要な器具や装具も、治療費として請求が可能です。

- 義肢や義足
- 松葉杖
- コルセット
- サポーター
- 車椅子
- 眼鏡

　これらは、耐用年数が経過した後の買い替え費用についても支払ってもらうことができます。

◎家屋改造費

　後遺症のために体の動きが制限され、玄関やトイレ、浴室などのリフォームが必要になる場合がありますが、その分も損害として認められることがあります。

⑦葬儀関係費

　被害者が死亡した場合、葬儀費用が損害賠償の対象となります。金額は、裁判基準では原則として一律 150 万円とされています。

⑧損害賠償請求にかかる費用

　損害賠償請求にかかる費用も損害と認められます。
- 証明書
- 交通事故証明書
- 通信費等

　また、被害者が弁護士に依頼して訴訟を提訴し判決を得た場合、賠償額の 10% 程度が弁護士費用支払いのための損害として認められます。

仕事を休んだら「休業損害」が請求できる

休業損害とは

　交通事故のケガによる入通院で仕事ができなくなった期間については、「休業損害」を請求することができます。

　休業損害とはその名が示す通り、入通院による欠勤や早退・遅刻などで働けなかったために、給料の全部または一部がもらえなかったり、減額されたりして「本来、得られるはずの利益が得られない」ことをいいます。

　なお、サラリーマンで、ケガで会社を欠勤したけれども給料が全額支払われた場合には、休業損害を請求することはできません。

◎被害者側が損害の程度を証明する

　休業損害を請求するには、被害者がどの程度の損害があったかを証明する必要があります。そのためにはまず休業期間の長さを確定しなければなりません。

　休業期間の長さは
- **入院している期間**
- **医師が「休養が必要」と認めた期間**

となります。
　証明は医師の診断書によって行います。

◎金額は自賠責保険基準と裁判基準で大きく異なる

　休業損害の額は、職業によって計算方法が異なります。

　まずはプライベートな時間に起こった交通事故による休業損害について、職業別にご説明していきます。

①サラリーマンの場合

　自賠責保険では、休業損害の額は原則として1日あたり5700円までとされています。

　ただし、これ以上の収入減があったことを証明できる場合には、最大で1万9000円を限度として実費で支給されます。

　とはいえ、傷害については治療費やその他損害も含めて合計で120万円が上限となります。たとえば、治療費等に60万円かかってしまった場合、休業損害の実費額にかかわらず上限は60万円となってしまいます。

　任意保険基準の休業損害の算定方法、上限額等については明らかにされていませんが、自賠責保険基準での休業損害を提示してくることもあれば、実際の収入を基準に計算することもあるなど、ケースバイケースです。

　裁判基準の場合、事故前3カ月間の総収入額を90（日）で割って算出します。

　事故前3カ月間の総収入が90万円の人が45日休業した場合、休業損害額は次のようになります。

- **自賠責保険基準の場合：**
  5700円×45日＝25万6500円
- **裁判基準の場合：**
  90万円÷90日×45日＝45万円

このように自賠責保険基準と裁判基準では金額に大きな開きがあります。保険会社から自賠責保険基準での休業損害を提示された場合は、そのまま承諾せず、被害者にとって有利になるよう交渉することが大切です。

休業損害の請求は、勤務先に「休業損害証明書」を書いてもらい、加害者側の保険会社に提出することによって行います。

図 3-4 休業損害の算出法

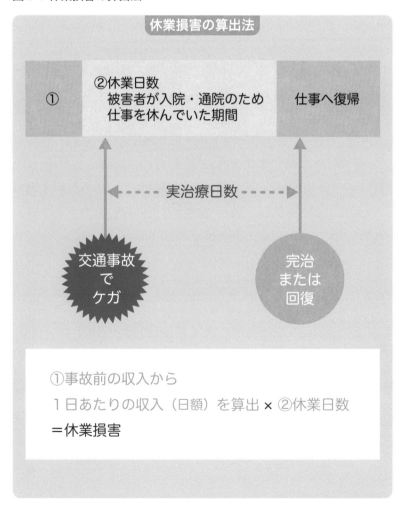

図 3-5 休業損害証明書

休業損害証明書

※書類の作成はご勤務先に依頼してください。
下記記載内容について保険会社等から勤務先に照会する場合があります。

源泉徴収票（自動車事故の前年分）を添付してください。
※源泉徴収票を用意できない場合は、賃金台帳の写し、雇用契約書、所得証明書等をご提出ください。

職種役職		氏名		採用日	年　月　日

1．上記の者は、自動車事故により、　　年　月　日 から　　年　月　日 までの期間
　仕事を休んだ（遅刻・早退した日を含む）。

2．上記期間の内訳は、　欠　勤　　　日　年次有給休暇＊　　　日　時間有給休暇・遅刻・早退　　　回
　　　　　　　　　　　半日欠勤　　　回　半日有給休暇　　　回
＊労働基準法第39条に定める使途を限定しない年次有給休暇であって、必要に応じて自由な時期に取得できる休暇

3．上記期間について休んだ日は下表のとおり

【凡例】
欠勤〇、有給休暇◎、半日欠勤◐、半日有給休暇◑、時間有給休暇遅刻・早退△、使途を限定した休暇（傷病・忌引等）●、勤務先の所定休日✕

（注1）時間有給休暇および遅刻・早退については、下表に△を記入のうえ、就業しなかった日時を裏面にご記入ください。
（注2）無印の日は出勤した日となります。土日・祝日等の勤務先の所定休日も、忘れずにご記入ください。

	1	2	3	4	5	6	7	8	9	10	11	12	13	14	15	16	17	18	19	20	21	22	23	24	25	26	27	28	29	30	31
月																															
月																															
月																															

4．上記休んだ日（有給休暇を除く）の給与は、

　（ア）全額支給した。　　（イ）全額支給しなかった。
　（ウ）一部（支給・減給）した。その額は、（　　　　　　円）
　※ウの場合は、その額および計算根拠（式）をご記入ください。

内訳　本給は　　月　　日から　　月　　日分まで　　　　　円
　　　付加給は　　月　　日から　　月　　日分まで　　　　　円

＜計算根拠（式）記入欄＞

5．自動車事故による休業がない直近3か月間の月例給与（賞与は除く）は下表のとおり

	稼働日数	支給金額		社会保険料	所得税	差引支給額
		本　給	付加給			
年　月分						
年　月分						
年　月分						
計						

（注）①給与の毎月の締切日　　日

②所定勤務時間：　時　分～　時　分　　休憩時間を除いた一日実働（　時間　分）
　　　　　　　　（週　日勤務）

③給与計算基礎：月給・日給・時給　　　円

6．社会保険（労災保険、健康保険等で、公務員共済組合を含む。）から「休業補償給付」「傷病手当金」の給付を
　（ア）受けた（名称および電話番号は下表のとおり）　　（イ）手続中　　（ウ）受けない

名　称		電　話	（　）

上記のとおりであることを証明します。

記入日　　年　月　日		
所　在　地	本人の場合は法人の印鑑	電　話　（　）
商号または名称		担当者名
代表者氏名	印	担当者連絡先　（　）

時間有給休暇を取得した場合、遅刻・早退をされている場合は裏面もご記入ください。

（自賠調10号様式）

②会社役員の場合

会社役員の報酬は

- **労務提供の対価部分**
- **利益配当的部分**

の２つで構成されています。

このうち「利益配当的部分」は労働していなくても受け取れる報酬なので、交通事故の休業損害の対象となるのは「労務提供の対価部分」のみとなります。

③自営業者の場合

休業損害の額は、基本的に次のいずれかの方法で決められます。

休業損害額を決定する方法

(1)事故前の確定申告書と交通事故後の確定申告書を比べ、売上から経費を引いた所得が減少していた場合、その減少した金額を休業損害の額とします。

(2)前年の確定申告書に記載された所得額をベースとして、休業損害額を決定する方法です。

いずれにせよ、確定申告を前提としているため、確定申告をしていない場合、収入の証明が著しく困難になります。

また、確定申告の手続きを依頼している税理士にすすめられるなどして節税をしている場合、実際の収入よりも確定申告書の所得額が低いことがままあります。このような場合も実際の所得額の証明は難しくなります。

④専業主婦（夫）の場合

　専業主婦（夫）の場合、実際に収入がないため、「休業損害を請求する」ということを意識しないことが往々にしてあるようです。しかし、**専業主婦（夫）でも休業損害の請求は可能です。**専業主婦（夫）が交通事故に遭って休養を余儀なくされた場合、日ごろ行っている家事労働の担い手がなくなり、家事代行を頼めばその分のコストがかかるためです。

　この場合、賃金センサス（日本の賃金の統計資料）を基に、女子労働者の全年齢平均賃金の基準を、休業損害の算定基礎である基礎収入額として計算します。

　たとえば、平成 29 年の女子労働者の全年齢平均賃金は 377万 8200 円でした。365（日）で割ると 1 万 351 円となるので、これが基礎収入額となります。

⑤アルバイト、パートタイマーの場合

　アルバイト、パートタイマーの休業損害に関しては原則的に認められませんが、1 年以上引き続き同じ勤務先に勤務していたような場合には請求できることもあります。

図 3-6　休業損害（アルバイト・パートタイマー）

アルバイトやパートタイマーの場合
（就労期間が長く、収入の確実性が高い人の場合）

事故前 3 カ月間の収入 ÷90（日）× 休業日数＝休業損害

基本給＋付加給
（源泉徴収前の金額）

有給休暇の
使用日数も含む

自賠責保険基準では、収入の日額が 5700 円未満でも5700 円に引き上げられる場合がある
※引き上げの条件＝ 1 カ月の勤務日数 20 日以上
1 日の就労時間 6 時間以上
（勤務日数の少ない人は、実収入に基づく金額）

　勤務時間中または通勤途中での交通事故で休業せざるを得ない状態になり、次の要件を満たしている場合は、休業補償給付および休業特別支給金が支給されます。

支給の要件

(1)**労働者が業務上の理由による負傷または疾病によって療養していること**
(2)**その療養のために労働ができないこと**
(3)**労働することができないために、賃金を受けていないこと**

　休業の初日から3日目までは「待機期間」とされ、この期間は事業主が労働基準法に基づく休業補償をするものとされています。そのため労災保険の休業補償給付および休業特別支給金の支給が始まるのは、療養開始4日目からとなります。

　休業補償給付および休業特別支給金は、「給付基礎日額」と休業日数を基準に算出されます。

　給付基礎日額とは、事故が起きた日の直前3カ月間に被害者に対して支払われた賃金の総額を、直前3カ月の日数で割った額となります。労災保険では、休業した日数について、休業給付として給付基礎日額の60%が支払われます。

　任意保険の損害賠償を請求できる場合、本来の請求額から労災保険で支給される休業給付額を引いた額が対象となります。つまり、給付基礎日額の残り40%が損害賠償の対象となるということです。

労災適用の場合、被害者には「休業補償給付＋任意保険の損害賠償＝休業損害額の 100%」＋「休業特別支給金 20%」となり、通常よりも受け取ることのできる額が 2 割増しになります。

図 3-7　労災適用の場合

支給額	①休業（補償）給付＝給付基礎日額の **60%**× 休業日数
	②休業特別支給金＝給付基礎日額の **20%**× 休業日数

給付基礎日額

〜労働基準法の「平均賃金」に相当する額〜

直前の３カ月間[※]に被災労働者に対して支払われた賃金の総額　÷　期間の暦日数　＝　給付基礎日額

※ボーナスや臨時に発生した賃金を除く

・事故が起きた日
・疾病の発生が確定した日
　（医師の診断結果が出た日）

３カ月前　　　　　　　　　　　　　　　　第４日目　　適用期間の暦日数

★直前の３カ月間　　　**待機期間**　　　　**支給額**
　　　　　　　　　　（第３日目まで）　　**対象期間**
　　　　　　　　　業務災害の①が　　①と②が
　　　　　　　　　支給されます　　支給されます

※正確には業務時間内に起きた労働災害による休業補償を「休業補償給付」、通勤途中に起きた事故で負傷したことによる休業を「休業給付」といいますが、ここでは「休業補償給付」という名称で統一しました。

治療費は
いつまで支払われる？

相手の保険会社から「打ち切り通告」を受けることも

　加害者側の保険会社が被害者に対して、完治するまでのすべての治療費を支払い続けるわけではありません。

　ケガの程度に応じ、治療が始まってから一定期間（保険会社によって異なります）経つと、相手の保険会社から治療費の打ち切りを通告されることがあります。

　交通事故の被害者の方から「先日、加害者側の保険会社から『治療費を打ち切る』という連絡が来ました。まだ痛みがあって通院しているのですが、どうすればいいでしょうか」と、ご相談を受けることはよくあります。

　なぜ治療開始から一定期間経過後にこのような通告があるかというと、一定期間治療しても完治しない場合、これ以上治療しても良くも悪くもならない状態（＝症状固定）に至ると言われているためです。

　もちろん、まだ痛みがあるなどの理由で治療を続けたいのであれば、先方の言いなりになる必要はありません。

　医師の診断書や意見書を提出して、治療費を継続して出してもらえるように交渉をしましょう。

「示談交渉」が始まるサイン

　先ほど、治療開始から一定期間経過後にこれ以上治療しても良くも悪くもならない状態に至るというお話をしました。

　治らないまま症状が固定するということは、「後遺症が残った状態」ということです。

　もし被害者に後遺症がある場合は、治療費ではなく後遺症に対する損害賠償の請求ができるようになりますが、その前提として後遺障害の程度を客観的に見て、損害賠償額決定の基礎となる「障害認定」を受けることになります。

　またこの段階で、治療を終えた人、治療費の打ち切り通告を受けたけれどもまだ治療を続けたい人、症状が固定し障害認定を受けた人それぞれにとって、交通事故の被害者として新たなフェーズに入っていくことになります。

　これまでの損害賠償額は治療費であれ休業損害であれ、比較的数字にしやすいものでした。

　しかしここからは、精神的苦痛に対する損害賠償（＝慰謝料）の額をどうするかを、示談交渉によって決めていくことになります。

　そしてこの「示談交渉」からが被害者にとって精神的な負担が大きくなる重要局面です。

　何しろ相手は日々業務として、交通事故案件を扱っているプロです。

　被害者側はといえば、自動車保険に関する十分な知識や経験をもっているということはまずないでしょう。

自分の保険に「弁護士特約」を付けていた人はもちろん、そうでない人も、**治療費打ち切りや症状固定、障害認定のタイミングで一度、弁護士に相談することをおすすめします。** その理由は、慰謝料をどうするかという部分が、最ももめやすく、被害者が損をしやすいところだからです。

　うまく示談交渉がまとまらなければ、外部機関を利用するか、それでもなお加害者と被害者の折り合いがつかない場合には、民事裁判ということになります。
　そうなる可能性も踏まえて、法律のプロである弁護士に相談しておくといいでしょう。

　第４章では、治療費打ち切りからの流れや症状固定と障害認定について詳しくお話ししたいと思います。

第4章

後遺症と障害認定

どこまでが後遺症として
認められるか
押さえよう

治療費打ち切り
からの流れ

　治療開始から一定期間経つと、保険会社から「治療費の支払いを打ち切ります」という連絡が来ることがしばしばあります。この場合、被害者はまずそれを受け入れるか受け入れないかの選択を迫られることとなります。

　打ち切りに納得がいかない場合は、保険会社に状況を説明して治療費の支払い続行を求めます。受け入れられる場合は、後遺症がなければこの時点で損害額が確定するので示談交渉に入ります。後遺症があればまず、その状態が「後遺障害に該当するかどうか」の認定を受けることになります。

　この章では、後遺症が残ったケースについて説明していきます。もし後遺症がなく、治療費打ち切りのタイミングで示談交渉に入る場合は、第5章をお読みください。

図 4-1 治療費の打ち切り通告以降の流れ

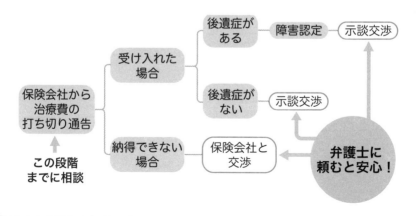

後遺障害とは

「後遺症＝後遺障害」ではない

　交通事故の後遺症が残ったとしても、それがただちに「後遺障害」として認められるわけではありません。事故によって残った後遺症の程度が「後遺障害等級に該当しているかどうか」がポイントとなります。

　後遺障害として認定されるには、ざっくりいうと次の３つの要件を満たしていなければなりません。

後遺障害認定３つの要件

⑴ **交通事故によるケガの後遺症であること（因果関係）**

⑵ **将来的な回復が期待できないこと（回復可能性）**

⑶ **労働能力の喪失を伴っていること（労働能力喪失）**

　これらの要件を満たしているとき、「損害保険料率算出機構（自賠責損害調査事務所）」という組織に対して、医師の作成する「後遺障害診断書」を添付して申請を行います。

　ここでは、書類審査のみで後遺障害等級の認定が行われます。そのため、後遺障害として認定されるためには、医師に書いてもらう「後遺障害診断書」が非常に重要になります。

図 4-2 自動車損害賠償責任保険後遺障害診断書

自動車損害賠償責任保険後遺障害診断書

氏　　名		男・女

◆ 記入にあたってのお願い
1. この用紙は、自動車損害賠償責任保険における後遺障害認定のためのものです。交通事故に起因した精神・身体障害とその程度について、できるだけくわしく記入してください。
2. 歯牙障害については、歯科後遺障害診断書を使用してください。
3. **後遺障害の等級は記入しないでください。**

生年月日	明・大 昭・平　　年　　月　　日（　　　歳）

住　　所		職　業	

受傷日時	年　　月　　日	症状固定日	年　　月　　日

当　院 入院期間	自　　年　　月　　日（　　　）日間 至　　年　　月　　日	当　院 通院期間	自　　年　　月　　日実治療日数 至　　年　　月　　日（　　　）日

傷病名		既存障害	今回事故以前の精神・身体障害：有・無 （部位・症状・程度）

自覚症状	

各 部 位 の 後 遺 障 害 の 内 容
（各部位の障害について、該当項目や有・無に〇印をつけ①の欄を用いて検査値等を記入してください。）

① 精神・神経の障害 他覚症状および検査結果	知覚・反射・筋力・筋萎縮など神経学的所見や知能テスト・心理テストなど精神機能検査の結果も記入してください X・P・CT・EEGなどについても具体的に記入してください 眼・耳・四肢に機能障害がある場合もこの欄を利用して、原因となる他覚的所見を記入してください

② 胸腹部臓器の障害 泌尿器・生殖器	各臓器の機能低下の程度と具体的症状を記入してください 生化学検査・血液学的検査などの成績はこの欄に簡記するか検査表を添付してください

③ 眼球・眼瞼の障害		視　　　力		調　節　機　能		視　野	眼瞼の障害
		裸　眼	矯　正	近点距離・遠点距離	調節力	イ.半盲(¼半盲を含む)	イ.まぶたの欠損
	右			cm	cm（　　）D	ロ.視野狭窄	ロ.まつげはげ
	左			cm	cm（　　）D	ハ.暗　点	ハ.開瞼・閉瞼障害
						ニ.視野欠損	
	眼球運動	注視野障害 （全方向¼以上の障害）	右 左	複　視	イ.正面視 ロ.左右上下視	(視野表を添付してください)	(図示してください)
	眼症状の原因となる前眼部・中間透光体・眼底などの他覚的所見を①の欄に記入してください						

62

④聴力と耳介の障害	オージオグラムを添付してください			耳介の欠損	⑤鼻の障害	⑦醜状障害（採皮痕を含む）
	イ.感音性難聴（右・左） ロ.伝音性難聴（右・左） ハ.混合性難聴（右・左）	聴力表示 イ.聴力レベル ロ.聴力損失		イ.耳介の½以上 ロ.耳介の½未満 （右⑦欄に図示 してください）	イ.鼻軟骨部の欠損 （右⑦欄に図示して ください）	1.外ぼう　イ.頭部　2.上肢 ロ.顔面部　3.下肢 ハ.頸部　4.その他
	検査日	6分平均	最高明瞭度		ロ.鼻呼吸困難 ハ.嗅覚脱失 二.嗅覚減退	
	第1回　年月日　右　dB　左　dB	dB dB	% %	耳　鳴	⑥そしゃく・言語の障害	
	第2回　年月日　右　dB　左　dB	dB dB	% %	右・左	原因と程度（摂食可能な 食物、発音不能な語音な ど）を左面①欄に記入し てください	
	第3回　年月日　右　dB　左　dB	dB dB	% %			（大きさ、形態等を図示してください）

⑧脊柱の障害	圧迫骨折・脱臼（椎弓切除・固定術を含む）の部位		運動障害	イ.頸椎部　ロ.胸腰椎部			荷重機能障害	常時コルセット装用の必要性	⑨体幹骨の変形	イ.鎖骨　二.肩甲骨 ロ.胸骨　ホ.骨盤骨 ハ.肋骨
					前屈　度	後屈　度				（裸体になってわかる程度） X-Pを添付してください
					右屈　度	左屈　度	有・無			
	X-Pを添付してください				右回旋　度	左回旋　度				

⑩上肢・下肢および手指・足指の障害	短縮	右下肢長	cm	（部位と原因）	長管骨の変形	イ.仮関節　ロ.変形癒合 （部位）	
		左下肢長	cm			X-Pを添付してください	

	上　肢		下　肢		手　指		足　指	
欠損障害 （離断部位を図示 してください）	（右）	（左）	（右）	（左）	（右）	（左）	（右）	（左）

関節機能障害 （健側患側とも記入してください 日整会方式により自動他動および）			他　動		自　動				他　動		自　動	
	関節名	運動の種類	右	左	右	左	関節名	運動の種類	右	左	右	左
			度	度	度	度			度	度	度	度

障害内容の増悪・緩解の見通しなどについて記入してください

上記のとおり診断いたします

所　在　地

名　称

診　断　日　平成　　年　　月　　日　　診療科

診断書発行日　平成　　年　　月　　日　　医師氏名　　　　　　　　　　㊞

（自賠調18号様式）

後遺障害等級認定申請のやり方は２通りある

事前認定と被害者請求

後遺障害等級認定の申請手続きには、

①事前認定：加害者側の保険会社が手続きを行う

②被害者請求：被害者が自ら手続きを行う

の２通りがあります。

いずれも前項で説明した「損害保険料率算出機構(自賠責損害調査事務所)」に書類を提出することによって行いますが、それぞれメリット・デメリットがあります。

事前認定のメリット・デメリット

事前申請のメリットは、手間がかからないことです。被害者がすべきことは主治医に診断書等を書いてもらうことだけで、あとは全部、加害者側の保険会社がやってくれます。

デメリットは、「加害者側の保険会社が、被害者の障害等級認定がなされるような努力はしてくれないだろう」ということです。

考えてもみてください。後遺障害慰謝料を支払うのは加害者側の保険会社です。いってみれば、被害者とは「利益相反の関係」なのです。

図4-3 事前認定の流れ

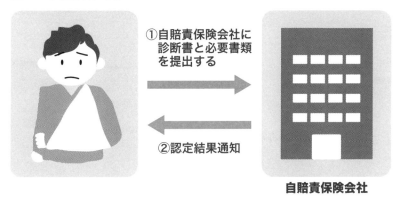

①自賠責保険会社に
診断書と必要書類
を提出する

②認定結果通知

自賠責保険会社

被害者請求のメリット・デメリット

①早期にまとまったお金が受け取れる

　被害者請求を行って後遺障害等級認定を受けることができれば、その等級に応じた損害賠償額を受け取ることができます。

　もし被害者請求を行わなければ、最終的な示談交渉が終わるまでまとまったお金を受け取ることはできないので、これは大きなメリットといえます。

　保険会社が提示してきた慰謝料に納得がいかずに弁護士を立てる場合、ここで得た損害賠償を弁護士費用に充てることが可能になります。

②被害者自身にとって有利な診断書や意見書を医師に書いてもらえる

　加害者側に「お任せ」の事前認定と異なり、被害者請求の場合、自分の主治医に障害認定を受けるのに有利になるような後遺障害診断書や意見書を書いてもらうことができます。そのため、障害認定を受けられる可能性が高くなります。

③のちのち被害者にとって有利な交渉ができる

　保険会社によっては慰謝料を自賠責保険の範囲内で済ませようと、示談を迫ってくることがあります。

　しかし、被害者請求で先に自賠責保険から損害賠償額を受け取っておけば、保険会社も「すでに自賠責保険からお金をもらっているので、もういいでしょう？」とは言いづらくなります。その結果、自賠責保険を上回る後遺障害慰謝料を提示してくる可能性が高くなります。

図 4-4　被害者請求の流れ

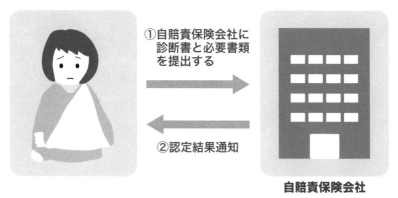

①自賠責保険会社に
　診断書と必要書類
　を提出する

②認定結果通知

自賠責保険会社

被害者請求に必要な書類とは

　加害者側の保険会社に連絡をして「交通事故証明書」と「診療報酬明細書」の写しを送ってもらいます。さらに加害者側の自賠責保険会社に連絡をして、必要書類をすべて送ってもらいましょう。

　それらに記入をして、加害者側の自賠責保険会社に送れば手続き完了です。

　なお、結果がでるまでには通常１〜２カ月かかります。

図 4-5 被害者請求に必要な書類

	必要書類 ●印は必要提出書類 ○印は必要に応じて提出	発行者・作成者	被害者請求	
			傷害	死亡
1	支払い請求書	請求者	●	●
2	請求者本人の 印鑑証明書	市区町村役場	●	●
3	交通事故証明書	自動車安全運転 センター	●	●
4	事故発生状況 報告書	運転者・被害者など	●	●
5	診断書	医師	●	●
6	診療報酬明細書	医療機関	●	●
7	休業損害証明書	勤務先など	○	○
8	通院交通費明細書	被害者など	○	○
9	委任状及び 委任者の印鑑証明 ※委任証明の場合	委任者	○	○
10	その他損害を 立証する書類など	作成者	○	○
11	後遺障害診断書 ※後遺障害が ある場合	医師	○	
12	死亡診断書または または死体検案書	医師		●
13	省略のない 戸籍（除籍）謄本	市区町村役場		●

障害等級とは

労災保険に準じ、1~14 級まである

　交通事故による後遺障害の障害等級は、労災保険の障害等級に準拠しており、1~14 級まであります。14 級が最も軽く、数字が若くなるにつれて障害の程度は重くなります。

　巻末に障害等級表があるので詳しくはそちらを見ていただくとして、ここでは重い障害と軽い障害がどのようなものかをご紹介しましょう。

第 1 級　両目の失明、両腕をひじ関節以上・両足をひざ関節以上で失った場合など

第 2 級　片目を失明・もう一方が 0.02 以下、両目の視力が 0.02以下、両腕を手の関節以上・両足を足関節以上で失った場合など

第 3 級　片目を失明・もう一方が 0.06 以下、咀嚼や言語の機能喪失、神経系統・胸腹部臓器の著しい障害で生涯就業不能、両手の指を全喪失など

第 4 級　両目が 0.06 以下、咀嚼や言語に著しい障害、両耳の聴力の全喪失、片手・片足のひじ・ひざ関節以上での喪失など

（　中略　）

第 11 級　両目の眼球・まぶたの著しい運動障害、40cm の距離で片方の耳が聞こえない、片手の人差し指・中指・薬指の喪失、胸腹部の機能障害で仕事が困難

第 12 級　片方の眼球・まぶたの著しい運動障害、小指の喪失、

片手の人差し指・中指・薬指が使えなくなる、頑固な神経症状、顔に傷が残ったなど

第 13 級　片方の視力が 0.6 以下、ものがダブって見える、片手の小指が使えなくなる、胸腹部機能障害など

第 14 級　まぶたの欠損・まつげをなくす、片方の耳の聴力の著しい低下、局部に神経症状を残すなど

後遺症に対する損害賠償の額は、図 4-6 を基準としています。

図 4-6 後遺症に対する損害賠償の額

※（　）内の金額は、被害者に被扶養者がいる場合

後遺障害等級	自賠責保険基準	任意保険基準（目安）	裁判基準
要介護の第 1 級	1,600 万円（1,800 万円）		
要介護の第 2 級	1,163 万円（1,333 万円）		
第 1 級	1,100 万円（1,300 万円）	1,850 万円	2,800 万円
第 2 級	958 万円（1,128 万円）	1,450 万円	2,370 万円
第 3 級	829 万円（973 万円）	1,150 万円	1,990 万円
第 4 級	712 万円	850 万円	1,670 万円
第 5 級	599 万円	750 万円	1,400 万円
第 6 級	498 万円	650 万円	1,180 万円
第 7 級	409 万円	550 万円	1,000 万円
第 8 級	324 万円	450 万円	830 万円
第 9 級	245 万円	350 万円	690 万円
第 10 級	187 万円	250 万円	550 万円
第 11 級	135 万円	200 万円	420 万円
第 12 級	93 万円	150 万円	290 万円
第 13 級	57 万円	65 万円	180 万円
第 14 級	32 万円	45 万円	110 万円

後遺障害等級認定のメリットとは

損害賠償額が多くなる

　後遺障害等級に認定されるメリットは**「損害賠償額が多くなる」**ということに尽きます。後遺障害を認定され、「あなたは〇等級ですよ」と決めてもらうことで、損害賠償が受けられるようになるからです。

　損害賠償には、次の3種類があります。

3つの損害賠償

(1)**傷害慰謝料：**
　ケガの治療のため、入通院期間に応じて支払われる慰謝料
(2)**後遺障害慰謝料：**
　後遺障害等級に応じて支払われる慰謝料
(3)**逸失利益：**
　後遺障害によって失った利益（給与）

　もし、後遺障害等級認定の申請をしなかったり、申請しても認めてもらえなかったりした場合には、満足のいかない損害賠償しか受けることができません。
　ところが後遺障害等級に該当すると、損害賠償の額が大幅に増えるのです。

図 4-7 後遺障害等級のポイント

後遺障害等級のポイント

後遺障害等級とは…

後遺障害の度合い、
部位によって認定される
1 ～ 14 級までの等級

後遺障害等級が認定されると…

「後遺障害慰謝料」
「逸失利益」などの
高額な示談金が発生

後遺障害等級が認定されるタイミング…

「症状固定」された後

妥当な後遺障害等級を
得るためには、
弁護士に依頼すること
が大事です。

むち打ち症

さまざまな症状が起こる

　交通事故で「むち打ち症」になる人は少なくありません。追突などの衝撃で頭が激しく振られて首がしなり、頸椎などの神経や靭帯が損傷することにより症状が現れます。

　事故直後はあまり症状が出ずに、後から痛みが出てくることがしばしばあります。

　症状としては、頭痛、吐き気、耳鳴り、肩こり、めまいなどから、麻痺やしびれ、味覚・視覚・聴覚・嗅覚・触覚などいわゆる「五感」に障害、場合によっては記憶障害が起こるなどさまざまです。

　それぞれの症状の現れ方によって診断名が異なり、比較的軽症の場合は「頸椎捻挫」「頸部挫傷」「外傷性頸部症候群」など、重症の場合は「頸椎損傷」「頸髄損傷」「脳せき髄液減少症」などがつけられることがあります。

医学的証明が難しいことが多い

　通常、ケガをした場合、客観的に状態を見ることが可能です。

　たとえば、裂傷ができたり、骨折したりした場合は、明らかにケガをしたことがわかります。

　しかしむち打ちに関していえば、画像診断をしようにも何も写らず、被害者本人の自覚症状以外、それらしい症状がないと

72

いうこともしばしばです。これがむち打ち症で後遺障害の認定を受けることを難しくしています。

　医学的に証明するためにも、MRIによる「画像所見」や、画像だけでは判断できない神経症状を調べる「神経学的所見」が重要になります。

むち打ちの後遺障害等級は 12 級または 14 級

　むち打ちの場合、後遺障害等級は 12 級または 14 級のいずれかとなりますが、両者の後遺障害慰謝料の金額には 3 倍近くの開きがあります。

　14 級では「神経学的所見があり、その所見と自覚症状が一致していること」を要件としています。

　これに対して、12 級では神経学的所見に加えて、被害者の自覚症状が MRI 等によって証明されていなくてはなりません。

図 4-8 12 級と 14 級の違い（後遺障害等級）

等　級	必要所見 （医師）	自賠責 保険基準	裁判基準
12 級	神経学的所見 画像所見	93 万円	290 万円
14 級	神経学的所見が 自覚症状と一致 している	32 万円	110 万円

後遺障害等級認定の結果に不服がある場合

交通事故に詳しい弁護士の力を借りる

後遺障害等級認定が申請した障害等級に該当しない「非該当」に終わり、その結果に納得できない場合は、自賠責保険会社に対して「異議申し立て」を行うことができます。

初回と同様、申し立てのやり方には「事前認定」と「被害者請求」の2通りがあります。

異議申し立てに必要な書類は次の通りです。

異議申し立てに必要な書類

(1)異議申立書

(2)異議申立書の理由を証明できるような診断書・
　　画像等の検査結果

すでに一度「非該当」となっているわけですから、それを覆（くつがえ）すような事故との因果関係をしっかり説明できる検査結果が求められることは言うまでもありません。

そこがクリアできていないと、初回と同じ結果になってしまいます。

また、異議申し立てによる審査は、初回よりもさらに専門的なものになります。

これを踏まえると、異議申し立てを成功させるには、交通事故に関する知識と経験が豊富で、どういう資料を用意すれば審査官を納得させられるかということについて詳しい弁護士に頼むのが現実的かと思います。

図 4-9 事前認定と被害者請求の違い

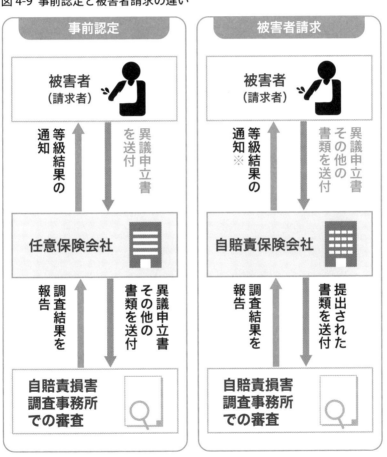

※被害者請求においては、等級認定された場合、結果受領と同時に等級に応じた保険金が支払われます。

この章では後遺症と後遺障害認定について説明してき
ました。第5章では、示談と裁判についてお話をしたい
と思います。

第5章

示談交渉と裁判

示談交渉と裁判の流れ、
ポイントを押さえよう

示談とは

加害者・被害者双方の妥協点を見つける

　交通事故における示談とは、事故による損害賠償の額を加害者側と被害者側とで話し合って解決することです。

　ちなみに法律上には「示談」という言葉はありません。民法695条、696条の「和解契約」が示談に該当します。

　示談とは、加害者・被害者双方が譲歩し合い、納得のいく妥協点を見つけて、その時点で争いを止めるための手続きともいえます。

損害賠償額を計算しておこう

　第3章でも説明したように、損害賠償額には

- **自賠責保険基準**
- **任意保険基準**
- **裁判基準**

の3種類があります。

　最も低いのが自賠責保険基準で次が任意保険基準、最も高いのが裁判基準となっています。裁判基準は裁判によって決められた正当な損害賠償額です。示談交渉ではそこを目指していくようにしましょう。

　まずは被害者自身が、自分の被った損害に対して裁判基準ではどれくらいが支払われているのかを調べてみることをおすすめします。

図 5-1 示談までの流れ

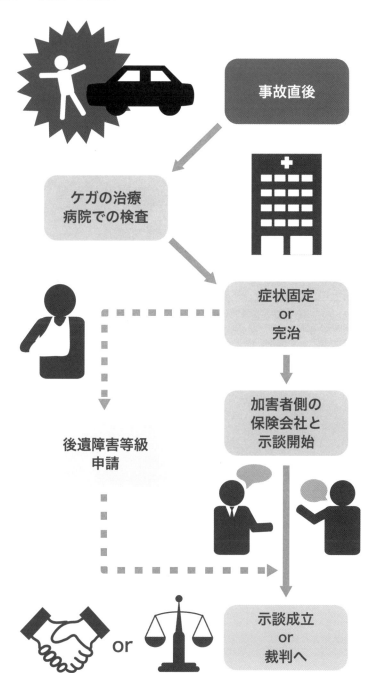

第5章 示談交渉と裁判

示談交渉が始まるのはいつ？

傷害事故の示談交渉が始まるのは、治療が終わった「症状固定」のタイミングです。

後遺症がある場合は、後遺障害認定を申請して結果が出てからとなります。

なぜかというと、傷害事故の慰謝料額は入院期間や通院期間、実際に通院した日数などによって計算されるためです。まだ治療中の段階では期間や日数が確定していないため、示談交渉をすることができないのです。

加害者側が任意保険に入っている場合は、先方の保険会社から治療費打ち切りの通告とともに、示談交渉を始めたい旨の連絡があります。

傷害事故の場合

示談交渉で決まる損害賠償の額には、下記のものなども含まれます。

- **治療費**
- **通院交通費**
- **被害者に対して支払われた休業損害**

加害者側の任意保険からこれらの金額がすでに支払われている場合には、損害賠償額全体から差し引かれることになります。

さらに、後遺障害が残った場合には、「示談金」とは次の3つを加えたものとなります。

- ・事故に遭わなければ得られたはずの「逸失利益」
- ・交通事故の精神的負担に対する「傷害慰謝料」
- ・「後遺障害慰謝料」

死亡事故の場合

　死亡事故の場合は、

- ・死亡による逸失利益に対する損害賠償金
- ・休業損害
- ・死亡慰謝料

などを請求することになります。

図 5-2 示談交渉で含まれる賠償金

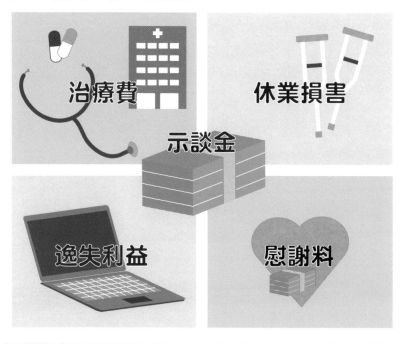

加害者に
お金がなかったら
どうする？

加害者が任意保険に入っていない場合

加害者が任意保険に加入していれば、それなりに納得のいく損害賠償は得られると思います。

問題は任意保険未加入の場合です。繰り返しお話ししているように、自賠責保険から下りる損害賠償の金額は最小限となっています。たとえば、治療費の限度額は 120 万円です。

交通事故の治療費は自由診療なので、あっという間に限度額を使い切ってしまうことでしょう。

図 5-3 任意保険の加入率 (未加入率) 推移

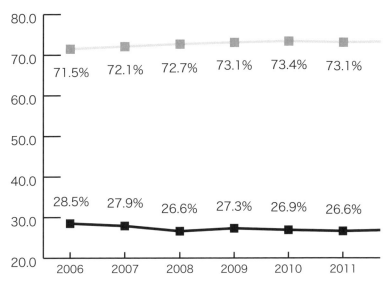

もし限度額に達した後も治療が必要となると、被害者自身の健康保険を使い、３割の自己負担をしながら治療を受けることになります。

　「車を運転する人なら、当然、任意保険は入っているはず」と思われるかもしれません。ところが実際にはそうではないのです。
　図5-3のように、2018年度時点でまだ約25%が未加入となっています。４人に１人は任意保険未加入のまま、車を運転しているのです。

　加害者が任意保険未加入の場合、「お金がなくて保険に入れない」可能性もあります。
　一時金での損害賠償が難しい場合は、損害賠償額を分割で支払ってもらう交渉が必要になります。

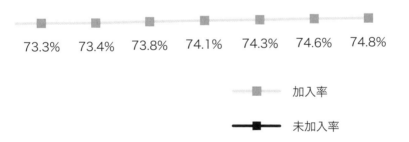

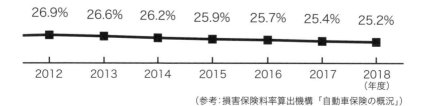

（参考：損害保険料率算出機構「自動車保険の概況」）

図 5-4 自動車保険都道府県別加入率 （2019 年 3 月末現在）

都 道府県名	保有車両数（台）	対人賠償保険（%）	対物賠償保険（%）	搭乗者傷害保険(%)	車両保険（%）	人身傷害保険（%）
北海道	3,774,027	71.4	71.8	24.9	47.6	67.5
青　森	1,006,449	70.9	71.2	23.9	42.4	66.9
岩　手	1,031,408	65.0	65.2	19.8	38.0	61.4
宮　城	1,705,292	74.6	74.7	30.2	43.6	69.9
秋　田	812,349	61.4	61.7	17.3	38.5	58.1
山　形	935,215	66.3	66.4	20.2	43.0	62.8
福　島	1,657,793	68.0	68.1	23.4	40.5	64.5
茨　城	2,612,377	74.6	74.6	26.4	41.3	70.7
栃　木	1,732,634	73.1	73.1	25.1	40.0	69.1
群　馬	1,801,022	72.7	72.7	28.4	42.5	68.6
埼　玉	4,131,569	79.0	79.1	28.1	44.4	73.6
千　葉	3,652,956	79.5	79.5	31.1	48.3	74.6
東　京	4,414,981	78.5	78.9	29.8	45.3	70.7
神奈川	4,018,887	80.2	80.4	29.8	46.3	73.7
新　潟	1,845,161	70.6	70.8	21.6	38.7	66.0
富　山	902,339	73.5	73.5	22.3	46.3	68.8
石　川	914,544	73.7	73.7	24.6	41.7	68.9
福　井	669,723	73.6	73.6	20.4	45.1	69.5
山　梨	759,845	64.9	64.9	24.0	31.5	60.8
長　野	1,907,732	67.0	67.1	20.4	38.1	63.3
岐　阜	1,687,667	78.3	78.3	25.1	57.7	74.8
静　岡	2,893,838	76.5	76.5	28.2	46.0	71.5
愛　知	5,282,965	82.0	82.1	29.3	58.5	77.4
三　重	1,521,312	77.5	77.5	22.8	50.0	73.3
滋　賀	1,039,045	75.5	75.5	23.1	45.8	71.2

都　道 府県名	保有車両数 （台）	対人賠償 保険（％）	対物賠償 保険（％）	搭乗者傷 害保険(%)	車両保険 （%）	人身傷害 保険（％）
京　都	1,338,224	80.2	80.3	28.1	47.2	73.7
大　阪	3,776,494	82.7	82.9	31.0	50.2	76.0
兵　庫	3,034,057	79.1	79.2	30.8	46.3	73.4
奈　良	835,112	79.6	79.5	26.9	46.1	75.1
和歌山	754,789	74.9	74.8	23.0	37.0	69.5
鳥　取	466,823	67.5	67.5	19.0	46.7	64.0
島　根	555,173	58.7	58.7	16.3	36.6	54.8
岡　山	1,544,120	75.3	75.3	25.7	44.7	70.2
広　島	1,906,196	77.1	77.2	25.1	44.1	70.9
山　口	1,074,100	72.8	72.9	23.7	47.3	68.1
徳　島	621,197	73.6	73.5	25.5	41.6	69.1
香　川	789,006	76.5	76.5	22.6	43.5	71.3
愛　媛	1,021,523	72.1	72.1	21.4	39.4	67.1
高　知	562,916	60.4	60.3	18.4	31.5	55.6
福　岡	3,397,868	77.4	77.5	26.9	49.0	72.0
佐　賀	680,153	67.8	67.8	26.2	39.9	63.6
長　崎	954,522	67.8	67.7	23.1	38.5	62.8
熊　本	1,392,877	68.2	68.2	23.6	44.4	64.3
大　分	924,027	67.4	67.4	21.1	39.9	62.7
宮　崎	948,320	60.7	60.7	21.9	36.2	56.7
鹿児島	1,355,156	61.7	61.5	21.3	34.2	57.2
沖　縄	1,145,535	54.3	54.4	29.0	27.8	50.9
合　計	81,789,318	74.8	74.9	26.3	45.1	69.8

保有車両数は、「自動車保有車両数・月報（平成 31 年 3 月末現在）」（一般財団法人　自動車検査登録情報協会発行）から作成。原動機付自転車を除く。

（参考：損害保険料率算出機構「自動車保険の概況」）

加害者側が
示談を迫ってきたら？

適正な損害賠償を受け取るには

　加害者側の保険会社の担当者が、示談交渉の際、高圧的な態度に出てくることがあります。

　保険会社は営利企業であり、担当者にも「支払いをなるべく少なくするように」という指導がなされていることでしょう。

　被害者側が素人であるのをいいことに、「あなたにも過失があるのだから、これ以上は払えない」などとたびたび強く主張してこられると、気の弱い人ならその状況から逃れたくて、つい応じてしまいそうになります。

　しかし、そこで示談に応じてしまってはいけません。本来、受けられるはずのケガの治療費や入通院交通費、傷害慰謝料などが受けられなくなってしまいます。

　もし、こうしたトラブルに見舞われたら、積極的に弁護士を活用することを検討してください。

トラックやタクシーが相手の場合、
訴訟を受けてくれる弁護士を探す

　トラックやタクシーなどとの事故の場合、一般の損害保険会社ではなく業界で作る共済の専任担当者との交渉になります。この共済を相手にするというのが、一般の人にはかなり厳しいのではないかと思います。

　まず、保険会社とは異なり、金融庁の監督を受けていないため、提示してくる示談金の額がかなり低くなります。

それでもまだ提示してくるだけいいかもしれません。中には、明らかに車にぶつかった形跡があるのに、「事故など起こしていない」と主張することもあると聞きます。

基本的にこうした共済相手の示談はまとまらないと思ったほうがいいでしょう。否応なく訴訟にせざるを得ません。

そうなると弁護士に依頼することになりますが、実のところ「交通事故で相手が共済で……」と言ったとたんに断られることも多いのです。私の元には「いくつかの弁護士さんに断られて」と連絡をしてくる方が少なからずいます。

共済相手の場合は、示談には応じず、訴訟を受けてくれる弁護士を探すことが大切です。

図 5-5 こんなことが起こりがち！

金融庁の監督を受けていない

無茶な主張

共済金の不払い

事故慣れしている

高圧的に接してくることも

強硬な主張をしてくる

被害者の立場など一切考えない

図 5-6 タクシー側はこんなことを言ってくる！

そもそも交通事故が起こっていない

そちらの一方的な過失による事故

こちらも多大な損害を受けている

この程度の事故でケガをしない

タクシー共済

後遺障害なし治療費も少額なはず

入通院慰謝料の計算方法

　入通院慰謝料とは、交通事故で入通院をした場合の精神的損害に対して支払われる慰謝料のことです。

　自賠責保険基準・任意保険基準・裁判基準で金額が大きく異なります。

◎自賠責保険基準

　自賠責保険基準での計算方法は、通院1日あたり4300円(2020年3月31日までの事故は4200円) とされています。

　計算は
①日額×入通院期間(入院期間＋通院期間)
②日額×実治療日数の2倍
で行います。

　入通院期間・実治療日数の2倍のうち、どちらか少ないほうの計算式が使われます。

　たとえば、入院は10日間、通院は150日間で、そのうち実治療は70日だとしましょう。
①の入通院期間→ 10日＋ 150日＝ 160日
②の実治療日数の2倍→70日×2＝ 140日
となります。

　したがって、より日数の少ない「実治療日数×2倍」の②の式が使われることになります。

では❷の式に当てはめてみましょう。

4300円× 140日＝ 60万 2000円

このケースでの自賠責保険基準による入通院慰謝料は60万2000円となります。

◎任意保険基準

任意保険基準については明言されていませんが、多くの場合、裁判基準の8割を提示してくることが多いようです。

私が扱った交通事故案件でも、被害者の方に提示された入通院慰謝料のほとんどが裁判基準の8割程度となっています。

◎裁判基準

傷害慰謝料の裁判基準は、日弁連交通事故相談センター東京支部による「民事交通事故訴訟損害賠償額算定基準」（通称「赤い本」）に掲載された「入通院慰謝料の算定表」がベースになっています。

この「赤い本」は実際の裁判においても裁判官が非常に重視しており、日本における障害慰謝料の基準として大きな影響力をもっているものです。

入通院慰謝料の額は、「通常のケガの場合」と「むち打ち症などで他自覚症状がない場合」とで異なっています。

図 5-7 通常のケガの場合の算定表（2020 年版「赤い本」193 頁 別表 I）

別表 I（単位：万円）

	入院	1月	2月	3月	4月	5月	6月
通院		53	101	145	184	217	244
1月	28	77	122	162	199	228	252
2月	52	98	139	177	210	236	260
3月	73	115	154	188	218	244	267
4月	90	130	165	196	226	251	273
5月	105	141	173	204	233	257	278
6月	116	149	181	211	239	262	282
7月	124	157	188	217	244	266	286
8月	132	164	194	222	248	270	290
9月	139	170	199	226	252	274	292
10月	145	175	203	230	256	276	294
11月	150	179	207	234	258	278	296
12月	154	183	211	236	260	280	298
13月	158	187	213	238	262	282	300
14月	162	189	215	240	264	284	302
15月	164	191	217	242	266	286	

【読み方】

　　縦軸が通院期間、横軸が入院期間となっています。

【例 1】

　・通院のみ 2 カ月の場合：縦列「2 月」を参照＝ 52 万円

　・入院 2 カ月、通院 3 カ月の場合：横列「2 月」、縦列「3 月」
　　の交わるところを参照＝ 154 万円

　　治療期間がこの表の上限である 15 カ月を超えた場合は、超

7月	8月	9月	10月	11月	12月	13月	14月	15月
266	284	297	306	314	321	328	334	340
274	291	303	311	318	325	332	336	342
281	297	308	315	322	329	334	338	344
287	302	312	319	326	331	336	340	346
292	306	316	323	328	333	338	342	348
296	310	320	325	330	335	340	344	350
300	314	322	327	332	337	342	346	
304	316	324	329	334	339	344		
306	318	326	331	336	341			
308	320	328	333	338				
310	322	330	335					
312	324	332						
314	326							
316								

えた期間 1 カ月につき、それぞれ「15 月ー 14 月」の額が加算されます。

【例2】

・通院のみ 18 カ月の場合：縦列「15 月」164 万円に「15 月 (164 万円) ー 14 月 (162 万円)」の3カ月分を加算
計算式：164 万円＋2 万円 × 3カ月分＝ 170 万円

図 5-8 むち打ち症などで他覚症状がない場合の算定表

（2020 年版「赤い本」194 頁 別表Ⅱ）

別表Ⅱ（単位：万円）

	入院	1月	2月	3月	4月	5月	6月
通院		35	66	92	116	135	152
1月	19	52	83	106	128	145	160
2月	36	69	97	118	138	153	166
3月	53	83	109	128	146	159	172
4月	67	95	119	136	152	165	176
5月	79	105	127	142	158	169	180
6月	89	113	133	148	162	173	182
7月	97	119	139	152	166	175	183
8月	103	125	143	156	168	176	184
9月	109	129	147	158	169	177	185
10月	113	133	149	159	170	178	186
11月	117	135	150	160	171	179	187
12月	119	136	151	161	172	180	188
13月	120	137	152	162	173	181	189
14月	121	138	153	163	174	182	190
15月	122	139	154	164	175	183	

7月	8月	9月	10月	11月	12月	13月	14月	15月
165	176	186	195	204	211	218	223	228
171	182	190	199	206	212	219	224	229
177	186	194	201	207	213	220	225	230
181	190	196	202	208	214	221	226	231
185	192	197	203	209	215	222	227	232
187	193	198	204	210	216	223	228	233
188	194	199	205	211	217	224	229	
189	195	200	206	212	218	225		
190	196	201	207	213	219			
191	197	202	208	214				
192	198	203	209					
193	199	204						
194	200							
195								

第5章　示談交渉と裁判

※計算のやり方は通常のケガの場合と同様です。

後遺症慰謝料

　後遺症慰謝料とは、交通事故に遭い治療が終わった後も一定程度の障害が残った場合、その後遺障害とともに生きていくことへの精神的苦痛に対する賠償金のことをいいます。

　入通院慰謝料同様、自賠責保険・任意保険・裁判所ごとに支払い基準が設定されています。

　加害者が自賠責保険しか加入していなかった場合、弁護士を立てて法廷に持ち込むというやり方もありますが、その場合は次の2つのことに注意してください。

①被害者自身の任意保険に弁護士特約が付いているか

②加害者に対して裁判基準での支払いの判決が出た場合、
**　加害者が判決通りの支払いをできるかどうか**

　弁護士に頼むのはお金がかかります。被害者の任意保険に弁護士特約が付帯されていれば300万円まで保険金が下りますが、もし付帯していなければ被害者が自己負担することになります。

　また、裁判で被害者が望む通りの判決が出たとしても、加害者にその支払いをするだけのお金がなければ意味がありません。「無い袖は振れない」からです。

　なお、裁判基準はあくまでも目安です。仮に第14級に該当しない程度の障害であっても、後遺障害慰謝料の請求が認められる場合があります。

　加害者が任意保険に加入しているか、加入していなかったと

しても損害賠償を支払うだけの経済力がある場合には、弁護士を立てて法廷に持ち込むことで、納得のいく損害賠償が得られる可能性が高くなります。

図 5-9 後遺障害等級の支払い基準

※（　）内の金額は、被害者に被扶養者がいる場合

後遺障害等級	自賠責保険基準	任意保険基準（目安）	裁判基準
要介護の第1級	1,600 万円（1,800 万円）		
要介護の第2級	1,163 万円（1,333 万円）		
第1級	1,100 万円（1,300 万円）	1,850 万円	2,800 万円
第2級	958 万円（1,128 万円）	1,450 万円	2,370 万円
第3級	829 万円（973 万円）	1,150 万円	1,990 万円
第4級	712 万円	850 万円	1,670 万円
第5級	599 万円	750 万円	1,400 万円
第6級	498 万円	650 万円	1,180 万円
第7級	409 万円	550 万円	1,000 万円
第8級	324 万円	450 万円	830 万円
第9級	245 万円	350 万円	690 万円
第10級	187 万円	250 万円	550 万円
第11級	135 万円	200 万円	420 万円
第12級	93 万円	150 万円	290 万円
第13級	57 万円	65 万円	180 万円
第14級	32 万円	45 万円	110 万円

後遺症による
逸失利益

計算方法は会社員と自営業者で異なる

交通事故で損傷を受けた腰の痛みが残ったり、手の指を失ったりして、後遺症がなければ得られたはずの収入が失われることがあります。このような、被害者が将来にわたって得られるはずだった利益を「後遺症による逸失利益」といいます。

後遺症の逸失利益は、後遺症によって失われた労働能力の割合（＝労働能力喪失率）と、労働能力喪失期間に対応した中間利息控除係数(＝ライプニッツ係数)を掛けて計算します。

後遺症による逸失利益＝

**　　基礎収入×労働能力喪失率×中間利息控除係数**

◎会社員の場合

原則としては事故前の現実の収入額を基に計算します。ただし、この計算方法では、被害者が若い場合、給与額が低いために逸失利益も不当に低くなってしまいます。

そのため、全年齢平均賃金を計算の基礎とすることが多くなっています。

◎自営業者の場合

自営業者の場合、原則として前年度の確定申告額に基づく収入額から、変動経費の額を差し引いた額を基礎収入として計算します。

◎専業主婦の場合

原則として全年齢平均賃金を基礎収入として計算します。

図 5-10 労働能力喪失率

障害等級	労働能力喪失率
第 1 級	100 / 100
第 2 級	100 / 100
第 3 級	100 / 100
第 4 級	92 / 100
第 5 級	79 / 100
第 6 級	67 / 100
第 7 級	56 / 100
第 8 級	45 / 100
第 9 級	35 / 100
第 10 級	27 / 100
第 11 級	20 / 100
第 12 級	14 / 100
第 13 級	9 / 100
第 14 級	5 / 100

死亡事故の場合

死亡事故の損害賠償とは

　これまでは傷害事故の損害賠償を中心にお話ししてきましたが、ここで死亡事故の損害賠償について説明したいと思います。死亡事故の場合の損害賠償も傷害事故と同様、まず

- **財産的損害**
- **精神的損害**

に大別されます。

　財産的損害は、被害者側にとってお金の支払いの生じるもの（積極損害）と、支払いは生じないけれども損害として認められるもの（消極損害）とに分けられます。

財産的損害

- **積極損害：死亡までの医療費、葬儀関係費、雑費等**
- **消極損害：死亡までの休業損害、逸失利益**

　精神的損害に対しては慰謝料を請求することができます。この場合の慰謝料は、被害者本人に対するものと遺族に対するものの2種類があります。

慰謝料の種類

- **被害者本人に対するもの**
- **遺族に対するもの**

死亡慰謝料の金額

　自賠責保険基準では、死亡した本人に対する慰謝料は350万円となっており、その慰謝料を請求する権利のある被害者の父母（養父母を含む）・配偶者・子（養子、認知した子及び胎児含む）に遺族慰謝料が支払われます。請求者が1名の場合は550万円、2名の場合は650万円、3名以上の場合は750万円となります。被害者に被扶養者がいるときは、200万円が加算されます。

　裁判基準では、被害者本人の慰謝料と遺族の慰謝料を合計した金額とされています。

　被害者が一家の生計を支える立場にあった場合は2700万〜3100万円、それに準ずる立場の場合は2400万〜2700万円、その他の場合は2000万〜2500万円の範囲内で決定することになっています。

図5-11 死亡事故の損害賠償

示談書とは

事故の事実と示談内容を記載する

　加害者・被害者の双方が合意して示談がまとまったら、示談書を作ります。

　示談書には

- **事故の事実**
- **その解決内容（示談内容）**

を記載し、加害者・被害者の両当事者がそれぞれ署名・捺印します。

　示談書には特定の形式は定められていないので、レポート用紙等に必要事項を記入すればそれで足ります。

　任意保険を使う場合は保険会社から白紙の示談書が送られてきますから、それを使うようにするといいでしょう。もし記入欄が小さくて書き切れなかった場合は、別紙を付けるようにします。

　示談書は、署名・捺印したものを２通作り、加害者・被害者が一部ずつ保管するようにしましょう。

不安が残るなら示談書を公正証書にしておく

　自分で作った示談書（私製示談書）にも効力はありますが、強制執行の効力まではもっていません。

たとえば、慰謝料を毎月5万円ずつ24カ月にわたって支払うという示談内容があったとしましょう。

　仮に約束通りに支払われなかった場合、ただちに加害者側の財産を差し押さえるということはできません。裁判を経てからということになってしまいます。

　もし、示談内容通りに支払われるかどうか不安が残る場合は、示談書を公正証書にしておくといいでしょう。強制執行を受けても異議がないという内容を入れた公正証書にすることで示談書が強制執行の効力をもちます。すなわち、約束通りに支払われなかった場合、わざわざ裁判をしなくても迅速に加害者側の財産を差し押さえることができるということです。

　公正証書にするには、関係者全員で最寄りの公証役場へ行き、公証人に対して作成を依頼します。また、本人が行けない場合、委任状と印鑑証明を持って行ってもらうことで代理人を立てることも可能です。

示談後に後遺症が出た場合

　示談は原則的に取り消すことができません。慰謝料1000万円で示談したものの、後から同様の事故による慰謝料の相場が1200万円ということがわかったからといって、請求することはできないのです。

　ただし、示談後に示談したときには予想できなかった後遺症が出た場合は、その後遺症についての補償は別に請求できることがあります。

図 5-12 示談書の種類

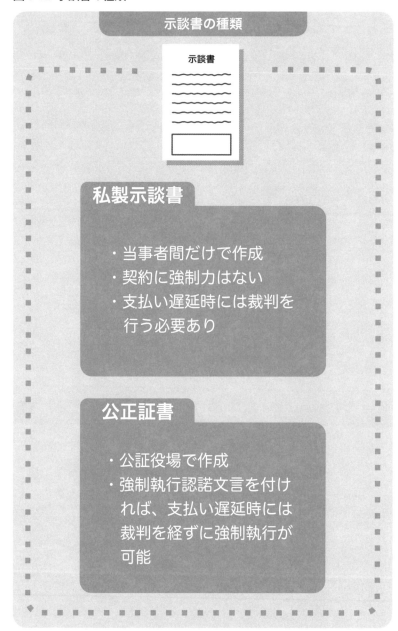

図 5-13 示談書の一例

示　談　書

＿＿＿＿＿＿＿＿（以下「甲」（という））と＿＿＿＿＿＿＿＿（以下「乙」（という））の間で、〇〇〇〇〇〇〇について、次のとおり示談が成立した。

以上、本示談の成立を証するため、本書を作成し保存する。
ついては双方互いに本示談を遵守し、本書に記載した事項以外に何ら債権債務のないことを確認し、以後一切異議不服を申し立てないことを誓約する。

　　令和〇〇年〇〇月〇〇日

　　　　　　　　　　　　　　甲　　住所

　　　　　　　　　　　　　　　　　氏名　＿＿＿＿＿＿＿＿＿＿＿

　　　　　　　　　　　　　　乙　　住所

　　　　　　　　　　　　　　　　　氏名　＿＿＿＿＿＿＿＿＿＿＿

示談がまとまらない場合【その1】
～交通事故紛争処理センターへ

損害賠償額を裁判基準に近づけるには

　加害者が任意保険に加入している場合、保険会社はたいてい裁判基準の8割程度を示談金として提示して「これ以上は払えません」と言ってきます。それに対して被害者が納得できるかどうかで、示談がまとまるかまとまらないかが決まります。納得できるのであれば示談、納得できないのであれば迷うことなく弁護士を頼っていただければと思います。

　弁護士にとっては、保険会社が提示してくる「裁判基準の8割」をどれだけ10割に近づけるかが腕の見せどころです。とはいえ、交渉が決裂して訴訟までいくことも当然あります。交渉がうまくいかなかった場合、解決方法は2つあります。

①交通事故紛争処理センターに相談する

②裁判所に持ち込む

交通事故紛争処理センターとは

　交通事故紛争処理センターとは、裁判外の紛争処理機関(ADR)の1つで、交通事故による損害賠償に関する法律相談や和解斡旋・審査業務を行う機関です。全国の高等裁判所がある場所に設置されています。

本部および支部：札幌、仙台、東京(本部)、名古屋、大阪、
**　　　　　　　　広島、高松、福岡**

相談室：さいたま、静岡、金沢

和解斡旋とは

　まずは最寄りの支部または本部に電話をして利用予約をして、行く日時を決めます。

　決められた日に行って、センターにいる担当弁護士と面談の後、和解斡旋を申し込むことになったら、センターから相手方に連絡してもらえます。

　和解斡旋の際には、担当弁護士が双方の意見を聞き和解案を提示してくれるので、お互いが合意できればその時点で和解が成立します。弁護士立ち会いのもと、示談書を作成します。

　和解斡旋の話し合いは、双方合意に至るまで何度か繰り返されます。

　何度話し合っても合意に至らない場合は和解斡旋の手続きは終了し、次は「審査」の請求をします。

審査とは

　審査とは、センターの上位機関である「審査会」が行うものです。審査の日に担当の審査員が当事者から事故内容を聴取して説明を求めたり、双方の主張を聴いたりして、審査会が損害賠償問題の解決方法を決定します。これを「裁定」といいます。

　裁定に同意するのであれば和解が成立し、同意できないのであれば裁判または他の方法で問題を解決することになります。

　交通事故紛争処理センターは無料で利用できます。なお、センターの発表によれば、人身事故の場合は3回の審査で70%以上、5回の審査までで90%以上の事案で和解が成立しているということなので、比較的早期に解決できるというメリットもあります。

示談が まとまらない場合【その2】
〜裁判所へ

　示談がまとまらない場合のもう1つの方法が裁判によって解決するというものです。

　交通事故紛争処理センターによる和解斡旋によっても解決しなかった場合も、最終的には法的手続きを取るしかなくなるでしょう。
　この場合の法的手続きには、
- **調停**
- **訴訟**

の2つがあります。

　「調停」とは、裁判所に間に入ってもらって加害者と被害者が話し合い、お互いが合意することで紛争の解決を図るものです。
　「話し合い」という性質上、一方に話し合おうという意思があっても、相手が応じなければ成立しません。そもそも示談がまとまらなかったわけですから、調停に持ち込んで解決する可能性は低いともいえます。
　そのため、調停という手続きは取らず、すぐに訴訟を提起することのほうが多くなっています。

訴訟とは

交通事故の裁判には、「刑事裁判」と「民事裁判」の2種類があります。

損害賠償義務の有無や金額については、「民事裁判」で争われます。民事裁判は誰でも提起することができるので、示談がまとまらない場合、交通事故の被害者が加害者を被告にして裁判を提起するということになります。これを「訴訟」といいます。

民事裁判を提起するには、裁判所に「訴状」という書類を提出しなければなりません。

提出する裁判所は、

- **被害者の住所地**
- **加害者の住所地**
- **交通事故の発生場所**

のいずれかを管轄する裁判所で、請求金額によって異なります。

- **請求金額が 140 万円以下の場合：簡易裁判所**
- **請求金額が 140 万円を超える場合：地方裁判所**

訴状について

民事裁判の際、裁判所に「訴状」を提出します。訴状には

- **当事者の住所・氏名**
- **請求金額とその内訳**
- **事故の内容**

などを記載します。

特に定められた書式はありませんが、簡易裁判所では備え付けられているところもあります。代理人を選任した場合は、当事者の委任状を添付することが必要になります。

裁判の流れ

①口頭弁論期日

　裁判所に訴状を提出すると、裁判所から1〜2カ月後に第1回口頭弁論の期日指定がなされます。

　その期日までに被告が争う意思を示さなかった場合、裁判は終了。請求した内容通りの判決が出されます。

　争う意思を示した場合は、②に進みます。

②争点整理と証拠の提出

　月1回程度のペースで裁判が行われます。

　何が争いになっているかを整理し、当事者双方の主張を裏付ける証拠を提出します。

③和解協議

　争点整理が終わり、証拠が出そろったタイミングで、裁判所が和解案を提示します（和解勧告）。

　当事者双方が納得できれば和解が成立して和解調書が作成され、裁判は終わります。

　和解が成立しなかった場合には、④に進みます。

④尋問

　尋問とは法廷で、裁判官や双方の弁護士からの質問に答えることです。原告・被告双方に対して行われ、証人がいる場合には証人に対しても行われます。

過失割合や後遺症との因果関係に争いがある場合は、事故の目撃者や医師などに証人尋問を行うことがあります。

⑤判決

尋問から１〜２カ月後に判決が言い渡されます。

判決内容に不服がある場合は、判決書を受け取った日から２週間以内に「控訴状」を裁判所に提出します（この場合、⑥に進みます）。

控訴状が提出されなかった場合は、判決が確定。これをもって裁判は終了となります。

⑥控訴と上告

日本では１つの事件で３回まで審理を受けられることになっています（３審制）。１審の判決内容に不服があり２審に上訴する（上級の裁判所に新たな裁判を求める）ことを「控訴」、２審（控訴審）の判決内容に不服があり３審に上訴することを「上告」といいます。

いずれの場合も、１審の裁判同様、当事者が主張をし、その証拠を提出したうえで和解協議を行います。

通常、交通事故の裁判で上告が認められることはないので、控訴審の判決でほぼ終了となります。

裁判にかかる期間

和解で終局する場合、１年以内がほとんどですが、判決までとなると１年半程度かかることが多いようです。

控訴審まで進むとさらに解決までの期間が長くなり、１年半以上かかることもあります。

図 5-14 申込みから手続きの終了・和解斡旋まで

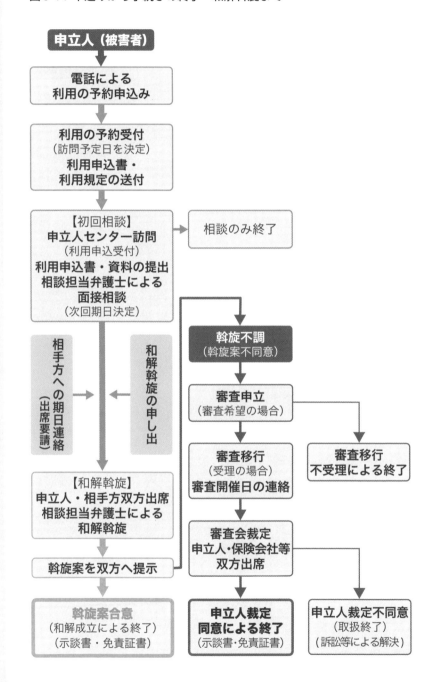

図 5-15 交通事故の裁判の流れ

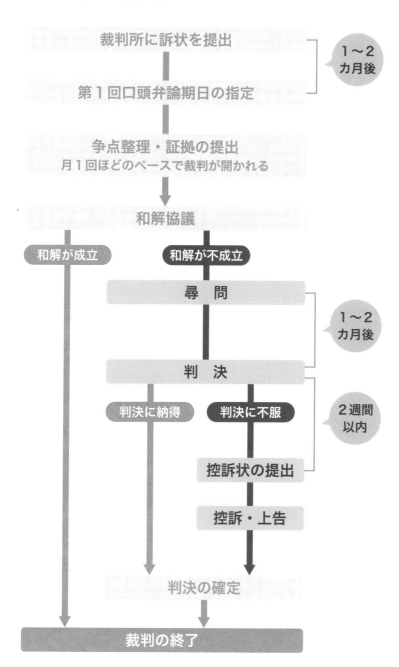

裁判所に訴状を提出

1〜2
カ月後

第1回口頭弁論期日の指定

争点整理・証拠の提出
月1回ほどのペースで裁判が開かれる

和解協議

和解が成立　　和解が不成立

尋　問

1〜2
カ月後

判　決

判決に納得　　判決に不服

2週間
以内

控訴状の提出

控訴・上告

判決の確定

裁判の終了

弁護士の活用を検討しよう

　裁判、それも控訴審まで行ってしまうと、精神的負担が大きくなります。

　交通事故の損害賠償はどこかで折り合いをつけて、なるべく早く終わらせるほうが被害者の方にとってはいいのではないかと思います。

　とはいえ、どこで折り合いをつけるべきなのか、被害者自身にはわからないことが多いでしょう。

　そんなときに頼りになるのが、被害者側の交通事故案件を多数取り扱ったことのある弁護士です。

　経験豊富な弁護士なら、加害者側にどの程度の損害賠償能力があるかリサーチする方法を知っていますし、保険会社相手に被害者にとって最大限に有利になるように交渉するノウハウももっています。

　被害者自身の任意保険に弁護士特約が付帯されている場合は、事故直後に保険会社に「交通事故の被害者になったので弁護士特約を使いたい」旨を伝えてください。

　また、弁護士特約が付帯されていなくとも、加害者側の保険会社から示談を迫られるなどもめそうな場合は、なるべく早く弁護士に相談することをおすすめします。

　不幸にして交通事故の被害者になったとしても、法律の専門家が背後にいることで、その被害を最小限にとどめることが可能になります。ぜひそのことを心にとどめておいてください。

おわりに

　最後までお読みいただきありがとうございます。

　交通事故の場合、8割程度が示談で解決しているといわれています。

　ただし、示談が成立したからといって、被害者の方々全員が納得しているわけではないだろうと私は思っています。

　特に加害者側の保険会社を相手にした場合、被害者は圧倒的に不利になります。たびたび示談を迫られたり、「これ以上は出せません」ときっぱりとはねつけられたりしているうちに委縮してしまい、泣き寝入りしてしまっているケースがかなり多いのではないでしょうか。

　しかし、諦めるには及びません。先方が専門的知識で被害者の方たちを追い詰めてくるのであれば、被害者の方々もそれを上回る知識と経験をもつ専門家を味方につけて、堂々とご自分の権利を主張していただきたいと思うのです。

　交通事故の案件を多数扱ったことのある弁護士であれば、必ず被害者の方々の支えとなり、有利な損害賠償を勝ち取ってくれるでしょう。

　この本を通じてそのことをご理解いただければ、これに勝る喜びはありません。

2020年8月吉日
弁護士法人ベンチャーサポート法律事務所

巻末付録1　ライプニッツ係数表

期間（年）	ライプニッツ係数 (注1)	
	2020年3月31日以前に発生した事故の場合（法定利率 (注2) が5%の場合）	2020年4月1日以後に発生した事故の場合（法定利率 (注2) が3%の場合）
1	0.952	0.971
2	1.859	1.913
3	2.723	2.829
4	3.546	3.717
5	4.329	4.580
6	5.076	5.417
7	5.786	6.230
8	6.463	7.020
9	7.108	7.786
10	7.722	8.530
11	8.306	9.253
12	8.863	9.954
13	9.394	10.635
14	9.899	11.296
15	10.380	11.938
16	10.838	12.561
17	11.274	13.166
18	11.690	13.754
19	12.085	14.324
20	12.462	14.877
21	12.821	15.415
22	13.163	15.937
23	13.489	16.444
24	13.799	16.936
25	14.094	17.413
26	14.375	17.877
27	14.643	18.327
28	14.898	18.764
29	15.141	19.188
30	15.372	19.600
31	15.593	20.000
32	15.803	20.389
33	16.003	20.766
34	16.193	21.132
35	16.374	21.487
36	16.547	21.832
37	16.711	22.167
38	16.868	22.492
39	17.017	22.808
40	17.159	23.115
41	17.294	23.412
42	17.423	23.701
43	17.546	23.982
44	17.663	24.254
45	17.774	24.519
46	17.880	24.775
47	17.981	25.025
48	18.077	25.267

期間（年）	ライプニッツ係数[注1]		期間（年）	ライプニッツ係数[注1]	
	2020年3月31日以前に発生した事故の場合（法定利率[注2]が5%の場合）	2020年4月1日以後に発生した事故の場合（法定利率[注2]が3%の場合）		2020年3月31日以前に発生した事故の場合（法定利率[注2]が5%の場合）	2020年4月1日以後に発生した事故の場合（法定利率[注2]が3%の場合）
49	18.169	25.502	70	19.343	29.123
50	18.256	25.730	71	19.374	29.246
51	18.339	25.951	72	19.404	29.365
52	18.418	26.166	73	19.432	29.481
53	18.493	26.375	74	19.459	29.593
54	18.565	26.578	75	19.485	29.702
55	18.633	26.774	76	19.509	29.808
56	18.699	26.965	77	19.533	29.910
57	18.761	27.151	78	19.555	30.010
58	18.820	27.331	79	19.576	30.107
59	18.876	27.506	80	19.596	30.201
60	18.929	27.676	81	19.616	30.292
61	18.980	27.840	82	19.634	30.381
62	19.029	28.000	83	19.651	30.467
63	19.075	28.156	84	19.668	30.550
64	19.119	28.306	85	19.684	30.631
65	19.161	28.453	86	19.699	30.710
66	19.201	28.595	87	19.713	30.786
67	19.239	28.733	88	19.727	30.860
68	19.275	28.867	89	19.740	30.932
69	19.310	28.997	90	19.752	31.002

〈注1〉**ライプニッツ係数**：幼児、18歳未満の学生または十分働く意思と能力を有している無職者の後遺障害による逸失利益を算定する場合に、労働能力喪失期間の終期が18歳を超えるときの係数は、終期までの年数に対応する係数から就労の始期とみなす18歳までの年数に対応する係数を差し引いて算出します。

〈注2〉**法定利率**：民法（明治29年法律第89号）第404条（法定利率）に規定する法定利率をいいます。

巻末付録2　ライプニッツ係数表 （18歳未満の者に適用する表）

年齢 （歳）	就労可能年数（年）	幼児、学生または十分働く意思と 能力を有している無職者	
		ライプニッツ係数	
		2020年3月31日以前に 発生した事故の場合（法定 利率^(注2)が5％の場合）	2020年4月1日以後に発 生した事故の場合（法定 利率^(注2)が3％の場合）
0	49	7.549	14.980
1	49	7.927	15.429
2	49	8.323	15.892
3	49	8.739	16.369
4	49	9.176	16.860
5	49	9.635	17.365
6	49	10.117	17.886
7	49	10.623	18.423
8	49	11.154	18.976
9	49	11.712	19.545
10	49	12.297	20.131
11	49	12.912	20.735
12	49	13.558	21.357
13	49	14.236	21.998
14	49	14.947	22.658
15	49	15.695	23.338
16	49	16.480	24.038
17	49	17.304	24.759

年齢 （歳）	就労可能年数（年）	有職者	
		ライプニッツ係数	
		2020年3月31日以前に発生した事故の場合（法定利率^{（注2）}が5%の場合）	2020年4月1日以後に発生した事故の場合（法定利率^{（注2）}が3%の場合）
0	67	19.239	28.733
1	66	19.201	28.595
2	65	19.161	28.453
3	64	19.119	28.306
4	63	19.075	28.156
5	62	19.029	28.000
6	61	18.980	27.840
7	60	18.929	27.676
8	59	18.876	27.506
9	58	18.820	27.331
10	57	18.761	27.151
11	56	18.699	26.965
12	55	18.633	26.774
13	54	18.565	26.578
14	53	18.493	26.375
15	52	18.418	26.166
16	51	18.339	25.951
17	50	18.256	25.730

巻末付録 3　障害等級表 （平成 23 年 2 月 1 日施行）

障害等級	給付の内容		身体障害
第一級	当該障害の存する期間一年につき給付基礎日額の三一三日分	一	両眼が失明したもの
		二	そしゃく及び言語の機能を廃したもの
		三	神経系統の機能又は精神に著しい障害を残し、常に介護を要するもの
		四	胸腹部臓器の機能に著しい障害を残し、常に介護を要するもの
		五	削除
		六	両上肢をひじ関節以上で失つたもの
		七	両上肢の用を全廃したもの
		八	両下肢をひざ関節以上で失つたもの
		九	両下肢の用を全廃したもの
第二級	同二七七日分	一	一眼が失明し、他眼の視力が〇・〇二以下になつたもの
		二	両眼の視力が〇・〇二以下になつたもの
		二の二	神経系統の機能又は精神に著しい障害を残し、随時介護を要するもの
		二の三	胸腹部臓器の機能に著しい障害を残し、随時介護を要するもの
		三	両上肢を手関節以上で失つたもの
		四	両下肢を足関節以上で失つたもの
第三級	同二四五日分	一	一眼が失明し、他眼の視力が〇・〇六以下になつたもの
		二	そしゃく又は言語の機能を廃したもの
		三	神経系統の機能又は精神に著しい障害を残し、終身労務に服することができないもの
		四	胸腹部臓器の機能に著しい障害を残し、終身労務に服することができないもの
		五	両手の手指の全部を失つたもの

第四級	同二二三日分	一	両眼の視力が〇・〇六以下になつたもの
		二	そしやく及び言語の機能に著しい障害を残すもの
		三	両耳の聴力を全く失つたもの
		四	一上肢をひじ関節以上で失つたもの
		五	一下肢をひざ関節以上で失つたもの
		六	両手の手指の全部の用を廃したもの
		七	両足をリスフラン関節以上で失つたもの
第五級	同一八四日分	一	一眼が失明し、他眼の視力が〇・一以下になつたもの
		一の二	神経系統の機能又は精神に著しい障害を残し、特に軽易な労務以外の労務に服することができないもの
		一の三	胸腹部臓器の機能に著しい障害を残し、特に軽易な労務以外の労務に服することができないもの
		二	一上肢を手関節以上で失つたもの
		三	一下肢を足関節以上で失つたもの
		四	一上肢の用を全廃したもの
		五	一下肢の用を全廃したもの
		六	両足の足指の全部を失つたもの
第六級	同一五六日分	一	両眼の視力が〇・一以下になつたもの
		二	そしやく又は言語の機能に著しい障害を残すもの
		三	両耳の聴力が耳に接しなければ大声を解することができない程度になつたもの
		三の二	一耳の聴力を全く失い、他耳の聴力が四十センチメートル以上の距離では普通の話声を解することができない程度になつたもの

		四	せき柱に著しい変形又は運動障害を残すもの
		五	一上肢の三大関節中の二関節の用を廃したもの
		六	一下肢の三大関節中の二関節の用を廃したもの
		七	一手の五の手指又は母指を含み四の手指を失つたもの
第七級	同一三一日分	一	一眼が失明し、他眼の視力が〇・六以下になつたもの
		二	両耳の聴力が四十センチメートル以上の距離では普通の話声を解することができない程度になつたもの
		二の二	一耳の聴力を全く失い、他耳の聴力が一メートル以上の距離では普通の話声を解することができない程度になつたもの
		三	神経系統の機能又は精神に障害を残し、軽易な労務以外の労務に服することができないもの
		四	削除
		五	胸腹部臓器の機能に障害を残し、軽易な労務以外の労務に服することができないもの
		六	一手の母指を含み三の手指又は母指以外の四の手指を失つたもの
		七	一手の五の手指又は母指を含み四の手指の用を廃したもの
		八	一足をリスフラン関節以上で失つたもの
		九	一上肢に偽関節を残し、著しい運動障害を残すもの
		一〇	一下肢に偽関節を残し、著しい運動障害を残すもの
		一一	両足の足指の全部の用を廃したもの
		一二	外貌に著しい醜状を残すもの

		一三	両側のこう丸を失つたもの
第八級	給付基礎日額の五〇三日分	一	一眼が失明し、又は一眼の視力が〇・〇二以下になつたもの
		二	せき柱に運動障害を残すもの
		三	一手の母指を含み二の手指又は母指以外の三の手指を失つたもの
		四	一手の母指を含み三の手指又は母指以外の四の手指の用を廃したもの
		五	一下肢を五センチメートル以上短縮したもの
		六	一上肢の三大関節中の一関節の用を廃したもの
		七	一下肢の三大関節中の一関節の用を廃したもの
		八	一上肢に偽関節を残すもの
		九	一下肢に偽関節を残すもの
		一〇	一足の足指の全部を失つたもの
第九級	同三九一日分	一	両眼の視力が〇・六以下になつたもの
		二	一眼の視力が〇・〇六以下になつたもの
		三	両眼に半盲症、視野狭さく又は視野変状を残すもの
		四	両眼のまぶたに著しい欠損を残すもの
		五	鼻を欠損し、その機能に著しい障害を残すもの
		六	そしやく及び言語の機能に障害を残すもの
		六の二	両耳の聴力が一メートル以上の距離では普通の話声を解することができない程度になつたもの
		六の三	一耳の聴力が耳に接しなければ大声を解することができない程度になり、他耳の聴力が一メートル以上の距離では普通の話声を解することが困難である程度になつたもの

		七	一耳の聴力を全く失つたもの
		七の二	神経系統の機能又は精神に障害を残し、服することができる労務が相当な程度に制限されるもの
		七の三	胸腹部臓器の機能に障害を残し、服することができる労務が相当な程度に制限されるもの
		八	一手の母指又は母指以外の二の手指を失つたもの
		九	一手の母指を含み二の手指又は母指以外の三の手指の用を廃したもの
		一〇	一足の第一の足指を含み二以上の足指を失つたもの
		一一	一足の足指の全部の用を廃したもの
		一一の二	外貌に相当程度の醜状を残すもの
		一二	生殖器に著しい障害を残すもの
第一〇級	同三〇二日分	一	一眼の視力が〇・一以下になつたもの
		一の二	正面視で複視を残すもの
		二	そしやく又は言語の機能に障害を残すもの
		三	十四歯以上に対し歯科補てつを加えたもの
		三の二	両耳の聴力が一メートル以上の距離では普通の話声を解することが困難である程度になつたもの
		四	一耳の聴力が耳に接しなければ大声を解することができない程度になつたもの
		五	削除
		六	一手の母指又は母指以外の二の手指の用を廃したもの
		七	一下肢を三センチメートル以上短縮したもの
		八	一足の第一の足指又は他の四の足指を失つたもの

		九	一上肢の三大関節中の一関節の機能に著しい障害を残すもの
		一〇	一下肢の三大関節中の一関節の機能に著しい障害を残すもの
第一一級	同二二三日分	一	両眼の眼球に著しい調節機能障害又は運動障害を残すもの
		二	両眼のまぶたに著しい運動障害を残すもの
		三	一眼のまぶたに著しい欠損を残すもの
		三の二	十歯以上に対し歯科補てつを加えたもの
		三の三	両耳の聴力が一メートル以上の距離では小声を解することができない程度になつたもの
		四	一耳の聴力が四十センチメートル以上の距離では普通の話声を解することができない程度になつたもの
		五	せき柱に変形を残すもの
		六	一手の示指、中指又は環指を失つたもの
		七	削除
		八	一足の第一の足指を含み二以上の足指の用を廃したもの
		九	胸腹部臓器の機能に障害を残し、労務の遂行に相当な程度の支障があるもの
第一二級	同一五八日分	一	一眼の眼球に著しい調節機能障害又は運動障害を残すもの
		二	一眼のまぶたに著しい運動障害を残すもの
		三	七歯以上に対し歯科補てつを加えたもの
		四	一耳の耳かくの大部分を欠損したもの
		五	鎖骨、胸骨、ろく骨、肩こう骨又は骨盤骨に著しい変形を残すもの
		六	一上肢の三大関節中の一関節の機能に障害を残すもの

		七	一下肢の三大関節中の一関節の機能に障害を残すもの
		八	長管骨に変形を残すもの
		八の二	一手の小指を失つたもの
		九	一手の示指、中指又は環指の用を廃したもの
		一〇	一足の第二の足指を失つたもの、第二の足指を含み二の足指を失つたもの又は第三の足指以下の三の足指を失つたもの
		一一	一足の第一の足指又は他の四の足指の用を廃したもの
		一二	局部にがん固な神経症状を残すもの
		一三	削除
		一四	外貌に醜状を残すもの
第一三級	同一〇一日分	一	一眼の視力が〇・六以下になつたもの
		二	一眼に半盲症、視野狭さく又は視野変状を残すもの
		二の二	正面視以外で複視を残すもの
		三	両眼のまぶたの一部に欠損を残し又はまつげはげを残すもの
		三の二	五歯以上に対し歯科補てつを加えたもの
		三の三	胸腹部臓器の機能に障害を残すもの
		四	一手の小指の用を廃したもの
		五	一手の母指の指骨の一部を失つたもの
		六	削除
		七	削除
		八	一下肢を一センチメートル以上短縮したもの
		九	一足の第三の足指以下の一又は二の足指を失つたもの
		一〇	一足の第二の足指の用を廃したもの、第二の足指を含み二の足指の用を廃したもの又は第三の足指以下の三の足指の用を廃したもの

第一四級	同五六日分	一	一眼のまぶたの一部に欠損を残し、又はまつげはげを残すもの
		二	三歯以上に対し歯科補てつを加えたもの
		二の二	一耳の聴力が一メートル以上の距離では小声を解することができない程度になつたもの
		三	上肢の露出面にてのひらの大きさの醜いあとを残すもの
		四	下肢の露出面にてのひらの大きさの醜いあとを残すもの
		五	削除
		六	一手の母指以外の手指の指骨の一部を失つたもの
		七	一手の母指以外の手指の遠位指節間関節を屈伸することができなくなつたもの
		八	一足の第三の足指以下の一又は二の足指の用を廃したもの
		九	局部に神経症状を残すもの
		一〇	削除

一　視力の測定は、万国式視力表による。屈折異常のあるものについてはきよう正視力について測定する。

二　手指を失つたものとは、母指は指節間関節、その他の手指は近位指節間関節以上を失つたものをいう。

三　手指の用を廃したものとは、手指の末節骨の半分以上を失い、又は中手指節関節若しくは近位指節間関節（母指にあつては指節間関節）に著しい運動障害を残すものをいう。

四　足指を失つたものとは、その全部を失つたものをいう。

五　足指の用を廃したものとは、第一の足指は末節骨の半分以上、その他の足指は遠位指節間関節以上を失つたもの又は中足指節関節若しくは近位指節間関節（第一の足指にあつては指節間関節）に著しい運動障害を残すものをいう。

弁護士法人ベンチャーサポート法律事務所（東京弁護士会所属）

「士業はサービス業である」という考え方から、"何がお客さまに役立ち、喜んでいただ
け、選ばれるリーガルサービスなのか"を全スタッフが考えて行動することがモットー。
2003年にスタートしたベンチャーサポート税理士法人をはじめとするベンチャーサポー
トグループの一員として、税理士・社会保険労務士・行政書士・司法書士等の他士業法人※
と連携しつつ、ワンストップでお客さまの問題解決を行うことを強みとする。

※各士業法人は特別法上の法人であることから、各々の組織間に資本関係はありません。各組織は、ベンチャー
　サポートグループの理念に基づいて業務提携しております。

第1章担当　福西信文

弁護士法人ベンチャーサポート法律事務所代表弁護士（東京弁護士会）・通知税理士。
京都大学法学部卒。成蹊大学法科大学院修了（社会人夜間既習者コース）。
経営コンサルタント等十数年の異業種経験を経て現職。中小企業支援・事業承継支援
と相続・民事信託について取り組む傍ら、交通事故を含む一般民事事件において、交
渉・訴訟事件を多数担当。

第2章担当　水流恭平

弁護士法人ベンチャーサポート法律事務所所属弁護士（東京弁護士会）・事業承継士。
早稲田大学法学部卒。司法試験予備試験合格。中央大学法科大学院卒（既習コース）。
事業再生、法人破産、事業承継等の企業法務を多く担当しながら、交通事故を含む一
般民事事件の交渉・調停・訴訟も多数担当する。

第3章担当　山谷千洋

弁護士法人ベンチャーサポート法律事務所所属弁護士（東京弁護士会）。東京大学法
学部第Ⅰ類（私法コース）卒。首都大学東京大学院（現：東京都立大学大学院）法学
政治学研究科法学政治学専攻修了。
東京都建設局において建設行政事務等を経験後、弁護士登録。数多くの交通事故案件
のほか、事業承継、不動産案件、家事事件その他多様な交渉・争訟案件を扱う。

第4章担当　堀翔志

弁護士法人ベンチャーサポート法律事務所所属弁護士（第二東京弁護士会）。東洋大
学法学部法律学科卒。中京大学法科大学院卒（既習コース）。
登録1年目から交通事故を数多く扱い、後遺障害案件（7級相当等）や長期にわたる
死亡案件等、重症事故案件を数多く担当。また、物損において評価損を争って勝ち取
るなど、人身傷害案件のみならず、物件損害案件の複雑な案件も取り扱う。

第5章担当　川崎公司

弁護士法人ベンチャーサポート法律事務所代表弁護士（東京弁護士会）・通知税理士。
日本証券アナリスト協会検定会員。東京大学経済学部卒。成蹊大学法科大学院卒（社
会人夜間未修者コース）。
野村證券株式会社、株式会社東京金融取引所、みずほ証券株式会社金融市場調査部（出
向）後、現職。企業間の組織再編やM&Aに絡む紛争案件、民事信託、事業承継、中
小企業法務を中心に、交通事故、被害者側弁護、生前相続対策案件、相続案件、離婚
案件、刑事事件といった個人のお客さまからの相談まで幅広く対応している。

　一般的に、3つの基準のうち弁護士基準（裁判基準）が最も高い損害賠償額となっており、保険会社に任せた場合には、これより低い任意保険基準か自賠責保険基準で示談金を提示されることがほとんどです。

　しかし、弁護士に依頼することで、損害賠償金額の最も高い基準によって損害賠償金を請求できます。

　示談金の増額ができる可能性が高まるのもメリットの1つです。

　素人が加害者側の保険会社と交渉しても強制力がないため、保険会社が提示してきた損害賠償金を増額させるのはなかなか困難という事情があります。

　しかし、弁護士に依頼すると事情は一変。保険会社は増額対応を検討することになります。

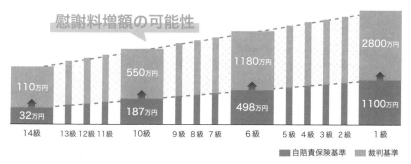

　上図で示している「自賠責保険基準と裁判基準の差額分」を弁護士によって増額交渉することができます。

　少なくとも倍以上になっており、等級が上がるほど差額は大きく、1000万円以上の差になることもあります。

慰謝料増額は早期の弁護士相談が解決のカギ

　被害者が示談交渉を自ら始めてしまい、保険会社のペースに乗せられて示談書にサインをしてしまうと、後から弁護士に相談しても同意を撤回することはできません。

　早い段階から弁護士に相談することを検討してみてください。

弁護士法人ベンチャーサポート法律事務所

書籍コーディネート　　笹島　隆博

編集協力　堀　容優子

組　版　春田　薫

装　幀　華本　達哉（aozora.tv）

交通事故の被害者になったら読む本

2020 年 10 月 20 日　第 1 刷発行

著　者　　弁護士法人ベンチャーサポート法律事務所

発行者　　山中　洋二

発　行　　合同フォレスト株式会社
　　　　　郵便番号 101-0051
　　　　　東京都千代田区神田神保町 1-44
　　　　　電話 03（3291）5200　FAX 03（3294）3509
　　　　　振替 00170-4-324578
　　　　　ホームページ　https://www.godo-forest.co.jp

発　売　　合同出版株式会社
　　　　　郵便番号 101-0051
　　　　　東京都千代田区神田神保町 1-44
　　　　　電話 03（3294）3506　FAX 03（3294）3509

印刷・製本　新灯印刷株式会社

合同フォレストSNS

合同フォレスト
ホームページ

facebook

Instagram

Twitter

YouTube